명희의   낮은   뜨락

KB221043

명희의 낮은 뜨락

남명희

와일드큐브

✳

이 세상에 그대를 보내신

그 분께서는 그대에게 이렇게 말할 겁니다

"나는 네가 그 힘들고 고달픈 여행을 잘 하고 오리라

믿었다. 참 말로 애 많이 썼다."

그리고 그대의 등을 토닥거려 주겠지

차 례

여 행

따뜻한 봄날
여행을 떠나라고 등을 민다
아름다운 세상으로
빨리 가보고 싶다
있는 힘 다해 머리를 쳐들고 용를 써 본다

머리를 내밀고 나온 곳
아름답고 재미있는 곳인듯하다
이곳이 궁금했던 친구들이 많은지
여기 저기 머리를 내밀고 "의 샤" "의 샤"

매서운 봄 바람에 내밀었던 머리가 움추려 든다
그래도 그 찬바람을 견디어야 한단다
단단하게 여물라는 축복의 바람이란다
그래야 이 여행이 알차진다고

매서운 봄 바람이 물러간 자리에
따가운 뙤약볕이 한자리 차지하더니
거센 비바람을 불러들여 온통 정신을 차릴 수 없다
그래도 견디어야 더 여문단다

여행은 그렇게 힘이 든다고
서늘한 바람 높은 하늘
어느새 여행의 끝자락에 발을 들여놓은 듯하다
추위와 더위와 비바람을 견디어 온 내가
조금씩 여물어 가는지
가끔 휘몰아치는 거센 바람이 잠시 머물다 떠나는
구름처럼 느껴지는 여유가 생긴다

이제 남은 여행은 어떤 여행일까?
기다려지기도 한다

문득 누군가의 말이 생각난다
지는 해가 더 아름답고 강렬하다고
얼마 남지 않은 여행이 그렇게 아름답고 멋진
여행이었으면 좋겠다는 희망을 담아
오늘도 여행을 떠난다
내가 떠나왔던 그곳으로

2019. 10. 7

동생과 여행을 다녀오다

작년 4월에 동생네 내외와 처음으로 3박 4일 여행을 다녀왔어. 우리 자매는 다른 집과는 다르게 좀 각별한 관계이지만 각자 살기에 바빴어. 여행을 가게 된다면 언니인 내가 부담을 해야 하는데 난 그럴 형편이 못 돼서 엄두를 못 냈고 형제들과 여행을 다니는 사람들이 부러웠었지. 나이가 들어서 경제적 여유가 없으면 여행뿐만 아니라 불편한 게 많아. 그렇다고 내가 아무것도 없는 건 아닌데, 삶의 방식을 바꿀 생각은 못 한 거지.

불편하다고 하면서도 습관이 된 삶. 그 삶을 바꾸게 된 건 작년이었어. 남북 교류가 활발해진 분위기에 우리 집 땅값이 올라가고 매매가 될 듯해서 전 재산을 정리했지. 사람마다 살면서 일생에 몇 번은 아주 좋은 기회가 온다고 했는데 난 이 기회를 잡은 거야.

마침 제부도 시간이 있어서 동생네 차로 제부가 운전을 하고 여행 경비는 우리가 쓰기로 했지. 언니 노릇을 할 수 있어서 행복했었어.

첫날은 충북 제천으로 갔어. 동생과 함께 찾아뵐 분이 있어서 말이야. 우리 자매에게는 엄마 같으신 분이야. 그분을 처음 만난 건 초등학교 1학년 2학기 무렵 원주로 이사 왔을 때였어. 바로 옆집에 사셨던 분으로 우리 엄마와 연령대가 비슷해서 두 분은 친구가 되셨지. 그때 동생은 한 살이었으니 자식이 없으셨던 그분은 우리 자매를 자기 자식처럼 예뻐하셨어. 그분도 나랑 같은 천주교 신자가 되셨고 세례명은 안젤라야.

안젤라 아줌마는 고향이 이북으로 6·25 전쟁 중 1·4 후퇴 때 인파에 휩쓸려 피난민 배에 실려서 남한으로 오셨다고 했어. 그 후 결혼도 하셨는데 내가 처음 만났을 때는 30대였지. 참 예쁘셨어. 아저씨는 그때 인기 배우였던 분과 많이 닮은 멋진 분이었지만, 다른 부인과 자식까지 있으면서 안젤라 아줌마를 속이고 또 결혼을 해서 두 집 살림을 하고 있었지.

아저씨는 특별한 직업 없이 고작 영문 편지 대필을 하고 계셔서 안젤라 아줌마가 집에서 돼지도 키우고 아주 열심히 사셨지. 그러다가 동네에 작은 시장이 생기면서 그릇 가게를 하셨고 우리 엄마도 친구 따라 바로 옆 가게를 사서 신발 가게를 하셨어.

두 분은 서로 의지하는 사이였지. 남한에는 일가친척도 없던 안젤라 아줌마는 남편은 있지만 그 남편이 언제 바람처럼 떠날지 몰랐고, 우리 엄마는 30대에 홀로 되어 시어머니와 어린 두 딸을 키우는 고된 삶을 사셨으니 두 분은 서로 잘 통하는 사이였을 거야.

그러다 우리 엄마가 아프셔서 수술을 하게 되셨어. 지금으로부터 50년 전이니 수술이 아주 위험했던 때지. 성공률이 높지 않아서 우리 엄마도 불안하셨는지 안젤라 아줌마에게 '혹시 내가 잘못되어 집으로 못 오게 되면 친구가 우리 애들을 잘 돌보아 줘'라고 하셨다네.

엄마가 수술 후 회복을 못 하시고 돌아가신 후 안젤라 아줌마는 엄마의 부탁을 잘 지키셨어. 물론 우리에게는 일가친척분들도 계셨지만 먼 곳에 사시니 옆에 사시는 안젤라 아줌마의 도움이 컸지.

그러다가 내가 결혼하고 원주를 떠나면서 가끔 찾아뵙곤 하던 중 그 멋진 아저씨는 저세상으로 떠나고, 사별 후 안젤라 아줌마는 60세가 조금 넘어서 동네 성당 신부님 소개로 충북 제천에 수녀님들이 운영하는 양로원으로 가셨어. 그분은 그곳에서 26년째 살고 계셨어.

양로원으로 들어가실 때는 나에게 연락을 안 하셔서 나중에서야 알게 되었는데 현명하신 분이라 재산 정리도 아주 잘 하셨어. 정리하신 재산은 양로원 안에 있는 성당을 짓는 데 기부하셨지. 내가 찾아뵈러

가면 그 건물을 가리키면서 말씀하셨어.

"내가 평생 힘들게 번 돈으로 저 건물을 올리는 데 보탰지."

그 말씀을 하시는 아줌마는 행복해 보이셨어. 멋진 분이야.

아줌마 칠순 때는 우리 집에서 내 친구들 불러서 밥을 해 드렸지. 내겐 엄마 같은 분이잖아. 비록 정식 칠순 잔치는 아니었지만 이웃들과 밥 한 끼 나누었으니 하늘에 계신 엄마도 기뻐하셨을 것 같아. 나도 행복했었지.

양로원에서 나는 안젤라 아줌마의 보호자로 되어 있었고 내가 안 찾아가면 아무도 찾아오는 사람이 없었어. 처음에는 아는 지인분들이 찾아오시기도 했지만 그분들도 연세가 많아지시니 오실 수가 없었지. 아줌마가 동생을 많이 예뻐하셨는데 동생도 사는 데 바빠서 못 뵌 지가 오래되었었어. 그래서 우리는 여행 첫날 제천을 갔지. 아침에 일찍 출발했더니 점심 전에 도착했어. 수녀님이 휠체어에 모시고 나오셨는데 지난 5월에 뵈었을 때보다 더 힘이 없어 보였어. 이젠 사람들을 잘 알아보지도 못 하시는데 내 이름만은 꼭 잡고 계시더라. 그렇게 안젤라 아줌마와의 인연은 60년이 넘었지. 우리 엄마의 빈자리를 지켜주신 고마운 분이야. 더 세월이 흐르면 내 이름도 잊으시겠지.

둘째 날은 나와 동생이 태어난 곳인 안동으로 갔

어. 이젠 나이도 있어서 갈 수 있는 마지막 기회가 될듯해서 갔지. 한참 헤매고 나서야 동네 입구를 찾았는데, 가끔 꿈속에서 만나는 풍경과는 아주 달랐어. 동네로 들어가는 굴다리는 기억과는 달리 아주 작았고, 기차가 안 다닌지 오래 돼서 기차 선로는 녹슬고 잡초만 무성했어. 낯선 곳처럼 느껴졌지. 한 학기를 다녔던 학교랑 운동장도 작고 초라했으며, 여름이면 목욕하고 다슬기 잡던 개울도 내 추억 속의 그 곳이 아닌 듯 동네는 어수선했지. 하긴 세월이 얼마나 흘렀는데….

옛날 우리 집은 사라졌지만 집이 있던 자리를 겨우 찾고 나서 차 안에 앉아 눈을 감았지. 그리고 희미한 어린 시절의 나와 마주했어. 엄마가 화장실에 가면 문밖에서 머리를 땅에 박고 문 밑으로 보일 듯한 엄마 엉덩이를 보겠다고 했던 기억, 할머니가 마당에 삼배 물레질을 하시면서 길게 매어놓았던 실줄, 내 기억 속에 별로 없는 아버지랑 뒷마당에서 솥뚜껑 위에 부침을 해 먹던 기억…. 내 인생에서 가장 행복했던 시절이었지.

그때 뒷자리에 앉아 있던 동생이 말했어.

"언니, 내가 중1 때 친구랑 여기 면사무소에 와서 엄마 사망신고를 했는데, 기억나? 언니가 심부름시켰잖아."

난 깜짝 놀랐지. 중1짜리를 중앙선 기차로 원주에서 안동까지 심부름을 시켰으니. 우리 자매는 그때 누구에게도 의지할 데가 없어서 참 용감했었나봐. 정작 심부름을 시켰다는 난 기억이 없었지만.

　그곳에서 잠시 머물다가 광주로 갔어. 시누이 병문안을 하고 광주까지 온 김에 목포에 들러서 싱싱한 생선회랑 바닷가 구경도 하고 왔지. 동생과 나는 여러 날을 함께 있다 보니 입에 담지 않고 묻어 두었던 슬픈 기억의 보따리를 조금씩 풀었어. 조금 늦기는 했지만 이 여행을 계기로 내가 살아온 삶을 반추해 볼 거야.

아버지가 돌아가시다

내 지나온 날들을 빨래처럼 꼭 짜서 햇살에 널어두고
봅니다
바람 속에 펄럭이는 희노애락이 어느새 노을빛으로
물들어 있네요

〈어느 노인의 고백〉 중에서

"니네 아버지 죽었데!"

길에서 한참 신나게 놀고 있는데 친구가 내 옆에 오
더니 놀리듯이 한마디하고는 막 뛰어가 버리는 거야.

난 그 죽음이 슬픈 건지 뭔지도 몰랐어. 아버지 병
명은 결핵이었어. 아버지가 결핵환자가 된 건 할머니
가 귀한 외아들을 6·25 전쟁 중에 군대를 안 보내

려고 체중 조절을 한 것 때문인지 어쩐지는 모르지만 몸이 약해지면서 결핵환자가 되신 거야. 지금 같으면 치료가 잘 되지만 그땐 어려웠어. 할머니의 지나친 자식 사랑으로 우리 아버지는 한창 나이인 32세에 돌아가셨지. 지금 같으면 결혼도 안 했을 나이에 세상을 떠나신 거야.

엄마는 31살에 홀시어머니와 어린 두 딸을 책임지는 가장이 되셨으니 얼마나 무서웠겠어. 아버지는 돌아가시기 1년 전 고향 안동에서 이웃에 살던 사람의 꼬임으로 전 재산을 정리해서 원주로 오셨어. 그 사람들과 사업을 한다면서 제대로 시작도 못 하고 사업 자금만 그 사람들 손에 들려주고 돌아가신 거지. 그 재산은 사실 아버지가 버신 게 아닌 할아버지 유산이야. 사회생활도 전혀 안 하신 분으로 나이도 적고 지금으로 보면 정말 어리석은 분이었지.

엄마는 그 돈을 돌려받으려고 애를 많이 쓰셨어. 가장이 되신 엄마는 먹고 살아야 했으니 무서운 게 없으셨던 거야. 우리 돈을 가져간 사람은 그 돈으로 새집도 짓고 잘 살았지. 엄마는 그 집이라도 뺏으려고 온갖 방법을 다 쓰셨고 결국 우리가 그 집으로 이사를 들어갔어. 그렇게 하기까지는 시간이 많이 걸렸지. 그 사람들도 우리에게 집을 안 내놓으려고 별 짓을 다 했으니, 지금 생각해 보면 엄마는 대단한 분이셨어.

나는 아버지가 돌아가신 뒤 엄마를 도와야 하는 맏딸로 친구들과 어울려 논다거나 그럴 여유가 없었어.

늘 엄마가 시키는 일을 해야 하는 엄마의 비서였어. 그러다 보니 어른들의 정신세계에 일찍 들어가 애어른이 되어버렸지. 일찍 철이 들어서 순수한 어린 시절 같은 건 건너뛰고 어른이 되어 버린 거야.

엄마가 생계를 위해 시장에 신발 가게를 내셨는데 가게 안에 방이 있어서 저녁에 집에 안 오셔도 되었지. 집에서는 할머니와 동생 나 셋이서 지냈는데, 할머니는 모든 집안일을 다 하셨어. 그리고 아침이면 학교 가는 길에 엄마 아침밥을 내 손에 들려주셨지. 저녁에도 할머니가 밥을 해 주시면 나는 어머니께 가져다드려야 했어. 그러다가 어린 동생이 장사하는 엄마 곁에서 잠이 들면 나는 그 동생을 업고 집으로 돌아왔지. 얼마 전 그때 이야기를 하는데 동생은 집까지 걸어가기가 싫어서 잠든 척했었다고 하더라. 또 나와 손잡고 걸어갈 때는 밤하늘의 별을 보며 내가 알려주는 알파벳 노래를 배웠는데, 초등학교 1학년 때 학교에서 그 노래를 불러서 인기가 좋았다고 해.

그때 동생과 나는 다른 삶을 살았지. 사람은 태어나는 순서에 따라 삶의 무게가 다르게 주어지는가 봐. 난 첫째라 엄마의 비서로 고단한 삶을 살아야 했고, 동생은 2살 때 아버지가 돌아가셨으니 할머니와 엄마에겐 불쌍한 보물이었어. 그렇게 동생의 어릴 적 삶은 나와는 정반대였지.

엄마의 비서인 난 가끔씩 엄마의 화풀이 대상이 되기도 했었어. 힘들고 속상한 일이 있으면 어디에 풀데가 없으니 나한테 마구 쏟아부으셨어. 그때는 어리니 이해가 안 되어서 옆에 사셨던 안젤라 아주머니께 "친엄마가 아닌가 봐요"라며 투덜거렸어. 그래서 난 지금도 엄마라는 단어가 다른 이들과는 다르지. 내가 이제 나이를 먹고 보니 '엄마의 삶이 얼마나 고단했을까'라는 생각에 가슴이 아파. 젊은 과부가 시어머니에 두 딸, 네 식구의 가장으로 살아야 했던 데다가 몸은 아프니 나에게 의지하셨던 거야. 이제는 엄마가 이해는 되지만 따뜻한 엄마에 대한 추억은 없어. 다행히 할머니의 큰 사랑이 내 삶의 자양분이 되어 잘 살아올 수 있었어.

나와는 다른 삶을 살아온 동생 이야기를 좀더 할게. 우리 부모님에게 내가 첫 딸이고, 둘째 딸은 태어난 지 얼마 되지 않아서 바로 죽고, 나와 7살 터울인 셋째가 모두가 불쌍하다고 하는 내 동생이야. 줄줄이 딸이라 동생 어릴 때 부르던 또 다른 이름은 '꼭지'였지. 딸을 더 낳지 말라는 이름으로 지으셨나 봐.

동생은 집안에서 자신이 어떤 존재인지를 알고 휘두르는 횡포가 아주 심해서 어른들은 해달라는 대로 다 해 주었지. 반찬 투정도 심한 데다가 신발 가게, 옷 가게, 장난감 가게 앞을 그냥 지나가질 않았어. 사고 싶은 게 있으면 다 사야 직성이 풀렸지. 안 사주면 그냥 땅바닥에 누워버렸으니까. 또 돈이 필요하면 입을 꾹 다물고 엄마 앞에 손바닥을 펴 보였지. 그 손바닥에는 돈이 놓여야 했어. 안 놓이면 또 땅바닥에 누워버렸어. 그것뿐만이 아니었어. 우리가 살던 동네에는 미군 부대, 군사령부가 있어서 군부대 물건이나 미군 부대 물건도 구할 수가 있었지. 특히 그때 미군 부대 물건은 인기가 좋았지만 가격이 좀 비쌌어. 그러나 동생은 다 가질 수 있었어. 밥 안 먹으면 미군 부대에서 나오는 가공식품을 사서 먹이고 멋진 장난감도 사주고 옷은 양품점에서 맞추어 입히고, 완전 공주였지. 이 모두를 할 수 있었던 건 때와 장소를 가리지 않고 땅바닥에 누워버리는 고약한 버릇 때문이었어. 동생의 어린시절은 아버지만 없었을 뿐 마냥 행복했었지. 그래서인지 지금도 밝게 살고 있어. 동생 이야기는 그만해야지. 자기 이야기했다고 뭐라 할지 몰라.

난 중학생이 되면서 더 많은 일을 해야 했어. 아침이면 할머니가 싸 주시는 엄마 밥이랑 무거운 내 가방을 들고 가게로 가면 엄마는 내게 가게에서 팔 물건을 도매상에서 사 오라는 심부름을 시키셨지. 내가 시내로 학교를 다녔으니까 학교 마치고 돌아오는 길에 사 오라는 거였어. 엄마는 내게 메모지와 돈을 주셨는데 하교 때까지 돈 관리도 잘 해야 했어. 잊어버리면 큰일이라서. 엄마는 신발가게 한쪽으로는 문방구도 하고 계셨어. 하루는 문방구 물건, 하루는 신발. 나는 학교가 끝나면 꽤 먼 거리에 있는 도매상에 가서 물건을 사야 했지. 문방구 물건은 가볍고 포장도 잘 되어서 괜찮았는데 신발을 사 올 때는 힘이 많이 들었어. 무거운 것도 괴로웠지만 포장된 신발 보따리를 들고 오는 게 영 모양새가 좋지 않았어. 어떻게 포장을 했는지 알아? 바닥에 늘어놓은 새끼줄

위에 시멘트 포대를 펴 놓고 신발을 길게 놓고는 새 끼줄을 둘둘 말면 둥글게 엮이면서 손잡이도 생겨. 그렇게 엉성하게 포장된 신발 보따리를 들고 먼 길을 와야 했지. 한 손에는 가방을 들고 한 손에는 새 끼줄로 엮인 신발 보따리를 들고 버스를 타고 집으로 왔지. 난 그 일이 피할 수 없는 일이었기에 받아들였고, 오히려 당당해졌지. 그때부터 시작된 당당함 때문인지 지금까지 어디를 가든 기가 죽지 않아.

집안일로 시간이 없어 친구들과 어울려 놀지도 못하고 빵집도 한번 못 갔지. 그래도 불만은 없었어. 그냥 주어진 환경대로 살아야 하는 걸 너무 일찍 알았고, 단지 엄마가 늘 아프셔서 안 아프셨으면 하는 바람뿐이었어. 엄마가 아버지처럼 돌아가시면 어떻게 하나 무서웠거든.

나의 바람과 달리 엄마는 점점 더 병이 악화되었고 내가 해야 할 일이 더 많아졌어. 엄마는 가게문을 열고 닫는 것도 힘에 부쳐서 아침저녁으로 가게 문을 열고 닫는 일을 내가 해야 했지. 그때 가게 문은 널판자를 이어 붙인 문으로 한 짝씩 미닫이에 올려서 밀어주고 당겨주는 문이었어. 그 문을 처마 밑으로 누여 놓으면 물건을 진열할 수 있는 진열대가 되어 그 위에 신발을 쭉 늘어놓았지. 그런데 그 문은 나무 문이라 엄청 무거웠어. 내 나이에는 무리였지만 어쩔 수 없이 하긴 했는데, 그때 너무 무리를 했는지 수십 년이 지난 지금도 등짝 윗부분에는 손을 대면 조금 아파.

아버지가 안 계신 빈자리를 조금이라도 채워야 하는 일은 나빴었고 동생은 마냥 행복했었지. 태어난 순서에 따른 삶의 무게는 너무 차이가 나더라. 하긴 세상이라는 연극 무대에서는 각자 역할이 다르니 주어진 배역대로 살아갈 수밖에.

할머니와 엄마는 힘든 삶을 사셨다

아버지가 돌아가시기 전부터 두 분은 각자 일이 있으셨어. 할머니는 길가에 작은 가게가 있는 집에서 지금으로 말하면 작은 슈퍼를 하셨고, 엄마는 한복감을 머리에 이고 다니면서 파는 행상을 하셨지. 덕분에 나는 경제적으로는 어려움을 몰랐어. 할머니 가게에서 파는 과자는 많이 먹었던 거 같아. 각자 일이 있으셨으니 열심히 사셨지만 기댈 만한 일가친척 한 사람 없는 객지에서 두 과부는 쓸쓸하셨나 봐. 친가, 외가 친척들을 집으로 많이 초대하셨어. 한번 오시면 여러 날 계시는 분들도 있었지. 시골에 사는 분들에게 원주라는 도시는 볼거리, 먹을거리 등 새로운 문화를 접할 수 있는 신천지 같은 곳이었어. 그때는 외

국인을 보기가 힘들었는데 원주에는 미군 부대가 있으니 외국인들도 볼 수 있었지.

그렇게 일가친척 분들이 자주 오시기는 했지만, 그래도 두 분은 의지할 울타리가 필요하셨는지 세 주던 방 하나를 비워서 아버지 육촌 동생 되시는 분 가족 세 식구를 들이셨어. 안동에서 올라 온 가족이었지. 엄마가 안동에 일이 있어서 가셨다가 큰댁에 들리셨는데 그 아저씨를 큰댁에서 만난 거야. 엄마한테는 시동생이지. 아저씨는 군 제대를 하고 왔지만 집에 땅도 없으니 농사도 못 짓고, 취직할 데도 없고, 군대 가기 전 결혼을 했지만 살 곳이 없으니 처와 딸은 처갓집에 있었대. 아저씨는 큰댁 사랑채에서 식객으로 세월을 보내던 중이었지. 그분은 인물이나 인품이 다 좋은 분이었어. 엄마는 그런 분이 가까이 있으면 큰 힘이 될 수 있다고 생각했던 거야.

그때가 1960년이니 우리나라 경제는 참 어려웠지. 시골이나 도시나 취직할 곳도 없고 농사를 지으려 해도 자기 땅이 없으면 지을 수가 없었으니 모두 삶이 고단했지. 아저씨 가족은 쌀 한 말에 재봉틀만 가지고 이사를 오셨어. 그때는 큰 살림이 아니면 이고 지고 기차로 이동을 하고 기차로 짐을 부치기도 했던 거 같아. 그때는 재봉틀도 귀했지.

엄마는 그분들이 살아갈 수 있도록 도와야 했기에 신경 쓸 일이 많아지셨어. 아저씨는 먼 산에 다니면서 나무를 해다가 파시고 아주머니는 한복 바느질을 하셨어. 엄마가 한복을 팔면서 바느질거리를 맡아 가져다주셨고 두 분은 그 수입으로 생활을 하셨지.

엄마는 인정이 많은 분이었어. 엄마는 그분들이 더 잘 살 수 있는 길을 찾던 중 아저씨를 동네에 있는 미군 부대에 취직시키기로 마음을 먹고 이 줄 저 줄을 찾으셨고 그 줄에 뇌물도 얹으셨지. 내가 그 뇌물을 기억하는 건 내 간식을 빼앗겼기 때문이야. 그 간식은 외할아버지가 경북 예천에서 가지고 오신 호두였어. 외할아버지는 여름 내내 키운 호두를 초겨울이 시작되면 손주 먹인다고 쌀자루에 가득 담아 기차 타고 손수 가져오셨지. 그렇게 귀한 간식이 아저씨 취직을 위한 뇌물로 바쳐진 거야. 아저씨는 그렇게 취직을 하셨지. 그때 그 지역 사람들이 부러워할 정도로 미군 부대 직원의 보수는 좋았어. 아저씨네는 좋은 직장을 얻어 살다가 회사 이동으로 다른 지방으로 가게 됐지. 엄마는 많이 섭섭해하셨어.

엄마는 아저씨네 가족을 원주에서 자리 잡도록 도와주셨지만 좋은 기억만 있었던 건 아니야. 엄마가 무척 섭섭해하셨던 일도 있었지. 우리가 살고 있던 집 지붕 기와가 수명이 다 되어서 물이 새는 거야. 그런데 수리비가 없었어. 엄마가 가지고 있던 돈은 시장에 신발 가게를 내느라 다 쓰고 여윳돈이 없었지. 엄마는 답답한 마음에 아저씨께 지붕 수리비를 꾸어 달라고 어렵게 부탁하셨는데 아저씨는 단번에 거절했어. 엄마는 어쩔 수 없이 집을 파셨고 우리는 처음 원주로 이사 올 때 살았던 작은 집으로 다시 이사했지. 그때 엄마는 많이 섭섭해하시더라.

물론 아저씨도 엄마한테 미안했을 거야. 그렇게 아저씨네는 열심히 돈을 모아 시골에 논밭을 많이 샀고 형제들이 그 땅에 농사를 지으면서 살림이 넉넉해졌지. 그러다 아저씨는 군인이 아닌 민간인으로 월남을 다녀오셨는데 큰 돈을 번 것 같았어. 고향으로 돌아가서는 시골로 가지 않고 시내 큰 한옥에서 부유하게 사셨어.

그리고 그 무렵 내가 결혼을 했지. 아저씨는 내 결혼 선물로는 그때 한참 유행하던 한복 천으로 분홍색, 옥색 치마 저고리 두 벌을 보내주셨어. 그 천으로 옷을 해 입으려면 또 돈이 들고 한복은 필요가 없었기에 나중에는 버렸지. 그때는 어려서 서운한 줄도 몰랐는데 나이가 들고나서 보니 그 아저씨 내외분들은 인색하셨구나 하는 생각을 갖게 됐지. 너무 가난하게 살았던 기억 때문에 물질에 대한 집착이 크고 돈을 쓰는 습관이 안 되어 있어서 못 쓰신 듯해. 무조건 아끼기만 하면서 산 거지.

결혼 후에는 서로 소식이 뜸했는데 어느 날 연락이 왔어. 아이들 교육 때문에 서울로 이사를 왔었고 며칠 후 아들 결혼이라며 초대를 한 거지. 그때 만나고 꽤 오랜 시간이 흐른 뒤에 연락을 드렸더니 다른 곳으로 이사를 하셨는데, 임대 아파트에 사신다면서 나에게 책을 사 달라고 하시는 거야. 어떻게 된 사연인지는 알 수 없으나 생활 형편이 나빠지신 듯했지. 그래서 아이들에게 필요한 전집 한 벌을 샀어. 그리고 또 한참 지나서 안부 전화를 드렸더니 아저씨는 돌아가시고 아주머니는 몸이 많이 아프다고 하시더군. 하긴 나이도 많으시니 아플 수밖에 없지. 나이에는 장사가 없잖아.

나는 아저씨의 삶의 모습에서 인생을 어떻게 살아야 하는지에 대한 생각을 많이 했어. 물질은 끊임없이 이동을 하는데 내 손에 쥐어졌을 때 잘 써야 해. 꼭 써야 할 때를 놓치면 나중에 더 많이 써도 별 가치가 없을 수 있지. 또 그 물질은 언제 내게서 떠날지 알 수가 없어. '있을 때 잘해'라는 노랫말처럼 돈은 있을 때 써야 해. 꼭 써야 할 때 아낀다고 부자도 안 되고 쓴다고 가난해지지도 않아. 그래서 난 내가 감당할 수 있는 범위 내에서는 쓸 일이 생기면 쓰려고 해. 나중에 아쉬움이 남을 수도 있거든. 돈이란 그렇게 돌고 도는 걸 아저씨가 미리 아셨다면 우리 가족에게 그렇게 섭섭하게는 안 했을텐데. 아쉬움이 남지. 착하시고 인품도 좋으셨으니 나중에 후회는 하셨으리라 생각해.

할머니와 엄마 두 분의 삶 안에서 특별한 또 다른 가족이 있어. 아저씨가 살던 우리 집에는 방이 여러 개 있었는데 또 다른 작은 방에 세를 들어 사시던 가족이 있었지. 그분들은 아버지가 돌아가시기 전부터 사셨는데 오래는 안 사셨대. 그때 난 9살이었으니 내 기억에는 없는 분들이야. 그런데 그분들이 내가 결혼을 해서 춘천에 살고 있을 때 찾아오신 거야. 어느 날 신사 한 분이 우리 집을 찾아오셨는데 할머니를 붙잡고 막 우시는 거야.

"살아 계셔서 감사합니다, 어머니."

그리고는 잠시 나갔다 오겠다고 하시더니 고기랑 과일을 잔뜩 사 오셨어. 두 분이 나누는 말씀 안에서 알게 된 건 16년 전에 결혼을 하시고 신접살림을 우리 집 작은 방에서 시작하셨다는 거야. 두 분 다 이북에서 피난을 온 분들로 아저씨는 그때 직업군인이었는데 우리 집 사정이 딱해 보였는지 힘쓰는 일은 다 하시고 할머니에게 아들같이 잘하시다가, 근무지 이동으로 이사를 가신 후 몇 번 다녀가신 후에 소식이 끊어져 잊고 있었던 거지. 그런 분이 찾아오신 거야. 그분 말씀으로는 피난민으로 신접살림을 차리긴 했지만 부족한 게 많던 때에 많은 도움을 받은 고마움과 부모님이 그리울 때 어머니같이 해주신 따뜻함을 잊을 수가 없어서 '어느 정도 살게 되면 찾아뵈어야겠다'는 생각을 늘 하셨다더군. 원주로 찾아가셨으나 우리가 춘천으로 이사를 해서 못 만나고 누구에게서인지 주소를 알아서 찾아오신 거야.

그렇게 다시 시작된 인연으로 일가친척이 별로 없는 나나 그분들이나 서로에게 많은 도움을 주거니받거니 하면서 살게 된 거지. 그러다가 내가 서울로이사를 오면서 더욱 가까이 지냈어. 그때 그 부부는 동대문 시장에서 옷을 만들어 전국으로 도매를 하셨는데 장사가 아주 잘 되었지. 이미 많은 돈을 벌어놓으셔서 여기저기 부동산도 많고 대단한 성공을 하신 거야. 난 가끔 가게를 봐주러 다니기도 하면서 이런저런 일로 많은 도움을 받았지. 그러다가 2001년에 내가 파주로 이사를 오면서 연락이 끊겼어. 내가 다시 연락을 자주 드렸어야 했는데 말하기는 좀 곤란한 내 잘못 때문에 미안해서 연락을 못 했지. 그 후 아저씨가 돌아가셨다는 소식을 들었는데도 용기가 안 나서 찾아뵙지 못하고 늘 내 마음속에 남아 있었지.

그런데 얼마 전 남편의 휴대전화로 그분 아들이 전화를 한 거야. 19년 만이지. 어머니가 이제 연세도 많이 드시고 거동도 불편하신데 돌아가시기 전에 '명희'가 어디 사는지 찾아보라는 말씀을 하셔서 우리가 살던 동네에서 전화번호를 알아내셨다는 거야. 19년 만에 아주머니랑 통화를 했지.

"명희냐? 내가 이름을 불러서 미안하지만 네가 9살 때 만나서 그러니 이해해 줘. 내가 너의 남편이랑 너한테 잘못한 게 많아."

첫마디가 잘못을 하셨다고 하시는데 뭘를 잘못하셨는지 모르지만 난 솔직히 말씀드렸어. "아니에요. 제가 잘못했어요. 너무 죄송해서 전화를 못 드렸어요."

그날 둘이서는 서로 잘못했다는 이야기만 했고, 나중에 긴 통화를 하면서 우리 집에 세 사실 때 이야기를 하시는 거야. 아마 연세도 많으시고 거동도 불편하시니 지나온 삶을 추억하시는 시간이 많았던 게지. 내가 잘 모르는 우리 집 이야기도 하셨는데 우리가 안동에서 원주로 이사를 오게 된 사연이었어. 아버지 병이 너무 깊어서 치료에 어려움을 겪을 때, 한 동네에 살다가 원주로 이사를 간 분이 원주에 가면 큰 군부대가 있는데 그 병원에서는 치료가 된다는 말을 하신 것을 듣고 전 재산을 정리해서 원주로 온 거라고 하셨어. 당시에는 아버지가 많이 아프시니 집안 모든 일은 할머니와 엄마가 하셨는데 두 분이 장작을 팰 때는 도끼를 사용 못 하시니 나무에 돌을 던져 부러뜨려서 밥도 하고 방에 불도 때셨대. 그 모습이 딱해서 20대였던 아저씨가 쉬는 날이면 장작을 도끼로 많이 패서는 처마 밑에 차곡차곡 쌓아 놓으셨대. 할머니와 엄마가 고마운 마음에 쌀이며 밀가루 한 바가지씩 퍼 주셔서 잘 잡수셨다고 하셨어. 그때 두 분은 결혼을 하긴 했지만 아저씨가 계급이 낮아서 살림을 할 수가 없는 형편이었고, 아저씨가 며칠에 한 번씩 집에 올 때 쌀을 조금씩 가져오셨는데 그 쌀로는 살기가 어려워서 할머니와 엄마의 도움이 큰 힘이 되셨대. 그런 물질적인 도움만이 아니라 북에 가족을 두고 온 피난민으로 외롭고 어려울 때 할머니와 엄마는 서로 경쟁이라도 하듯 챙겨주셨다며 그때 일은 잊을 수가 없다고. 돈을 버신 후 춘천에 찾아갔었다며 "너를 다시 찾아서 너무 좋다. 형제를 만난 거랑 같아"라고 하셨어. 아주머니는 20대 초반, 난 9살 때 만난 인연인데도 두 번씩 끊긴 인연을 다시 찾으신 아주머니의 인품은 내가 지금까지 살아오면서 듣지도 보지도 못한 것이야. 이분들을 통해서 난 또 세상 살아가는 방법을 배웠어. 할머니와 엄마의 작은 겨자씨 같은 나눔은 감사라는 거름으로 크게 자라서 나에게 찾아왔지. 이웃 간에 나눌 수 있는 작은 정을 나누었을 뿐인데 그분들은 태산같은 정으로 받아들이신 거야. 작은 깃에도 큰 감사를 하는 대단하신 분과 인연이 된 나는 축복받은 사람이지. 코로나로 찾아뵙지도 못해 몇 번 전화를 드렸으나 안 받으셔서 아드님께 안부 문자를 넣었더니 잘 계신다고 해. 내년에는 뵐 수 있었으면 좋겠어.

할머니와 엄마의 그 고단하셨던 삶을 생각하면 가슴이 아파. 엄마는 아버지가 돌아가신 후 10년을 더 사시다가 돌아가셔서 그 고생의 끝을 맺었지만, 할머니는 엄마가 돌아가신 후 15년을 더 사셨지. 피멍이 든 가슴으로 91세까지 사셨으니 너무도 가혹한 삶이었지.

부잣집 딸이었던 할머니는 할아버지와 결혼하셔서 포목점을 하면서 딸을 둘 낳으신 후 아버지를 낳으셨으니, 할머니에게 아버지는 금쪽같은 아들이었지. 그 아들이 학교에 입학할 때도 얼마나 기뻐셨는지 기념으로 벽걸이 시계도 사셨대. 그 시계는 내가 클 때까지도 태엽만 감아주면 '똑딱 똑딱' 추가 왔다 갔다 흔들렸어. 할머니는 돈도 많이 버셨는지 아버지를 서울로 유학을 보내서 공부를 시키기도 했으나, 건강을 잃은 아버지는 사회생활이라고는 면사무소에 잠시 다니신 게 전부야. 아버지는 엄마와 결혼해서 줄줄이 딸만 낳아 막내딸인 동생과 나 둘이 전부였지. 할머니에게는 두 손녀가 금쪽이었어. 금쪽같은 두 손녀인 우리는 입맛이 까다로워서 밥을 잘 안 먹으면 할머니께서 한 숟가락이라도 더 먹이려고 이 반찬, 저 반찬 많이 만들어주셔서 특별하고 맛있는 음식도 많이 먹고 컸어. 그리고 당시 할머니 모습을 떠올리면 작은 천 조각을 잇는 손바느질을 늘 하셨던 게 생각나. 그렇게 만들어진 조각보나 베갯머리 장식이 쓰임새가 많지도 않았는데 시간만 있으면 바느질을 하시는 거야. 그렇게 바늘을 손에서 놓지 못하는 이유가 있으셨어. 할머니는 현실이 너무 힘드셔서 바느질을 하시는 동안만이라도 잊고 싶으셨던 거야. 언제 누구에게 하셨던 말씀인지는 기억이 안 나지만 "내가 이 일이라도 하지 않으면 미칠 것만 같아서 여기에 정신을 팔고 있어"라고 하셨던 말씀이 기억나. 귀한 외아들은 병이 점점 깊어지다가 30대 초반에 저세상으로 보내고, 과부가 된 며느리가 약한 몸으로 한복 천을 머리에 이고 행상을 하다가 시장에 가게를 낸 후에는 어린 손녀딸 손에 며느리 밥을 싸서 보내셨지. 그러다 그 며느리마저 아들이 간 지 꼭 10년 만에 저세상으로 갔으니 그 속이 오죽하셨겠어. 엄마 대신 가장이 된 19살짜리 손녀에게 의지하셨고, 그 귀한 손녀가 결혼을 해서 힘들게 사는 모습을 봐야 하셨으며 가끔씩 사돈과도 함께 사셔야 하는 그 가시방석의 삶은 또 어땠겠어?

그 가시방석의 삶도 복이라고. 결혼한 손녀인 나와도 10년을 사셨는데, 내가 모실 수 없는 힘든 일이 있어서 반기지도 않은 딸네 집으로 가셔서 3년을 더 사시다가 90세가 넘어서 돌아가셨으니….

난 끝까지 할머니를 모시지 못한 죄스러움으로 힘이 들었어. 나를 얼마나 사랑하셨는지를 알았고 그 사랑이 나의 모두가 되었으니 내게 할머니의 존재는 어떤 말로도 표현할 수가 없지. 고모님 댁에서도 어떤 대접을 받으실지 뻔했기에 매일 기도를 했어.

"주님! 불쌍하신 우리 할머니 어서 데려가 주세요. 보고 싶은 아들도 만나시게요."

참 기가 막히는 기도를 한 거지. 할머니가 돌아가신 지도 40년이 다 되어가고 나도 할머니가 되었는데 내 손자들은 나를 어떻게 기억할까. 하루하루 내가 살아가는 모습이 조심스러워.

엄마가 돌아가시던 날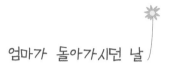

엄마의 병이 깊어지고 약으로도 치료가 안 되어서 마지막으로 수술을 하셨지. 수술 후 엄마는 병원에 한동안 입원하셨어. 엄마 외가 쪽 친척 할머니가 병원에서 엄마를 간병하시고 나는 엄마가 하시던 가게를 보았어. 엄마의 가게에는 방이 있어서 나는 일을 마치고 가게 방에서 잠들곤 했어.

그날도 가게 방에서 자고 있었어.

"탕, 탕, 탕."

몇 시였는지 알 수 없었는데 가게 문 두드리는 소리와 함께 내 이름을 부르는 소리에 퍼뜩 잠에서 깼어. 나는 순간적으로 큰일이 일어났구나 무서웠지. 가게 밖으로 급히 나가 보니 큰 길에는 택시가 나를 기다리고 있었어. 나를 태우러 오신 분은 엄마 6촌 오빠로 시내에서 택시 회사를 하셨는데 우리보다 오래 원주에서 살고 계셨지만 줄곧 모르고 살다가 외가댁에서 만나게 되어 엄마에게는 큰 의지가 되시던 분이었지. 아마 엄마가 병원에서 수술을 받으실 때에도 많은 역할을 하셨을 거야.

"너희 엄마가 위급해."

그 말씀만 하셨던 거 같아.

병원에 도착해 중환자실 앞에 서 있는데 문이 열리면서 흰 보에 싸인 침대가 나오는데 엄마야. 나는 그냥 침대 옆에 있는 의자에 털썩 주저앉아서 한참을 그대로 있었어. 난 엄마 얼굴을 보려고 침대를 붙들지도 않았고, 울지도 않았어.

'어떻게 살지.'

머릿속은 온통 내가 살아갈 생각으로 엄마의 죽음을 슬퍼하는 눈물 한 방울도 나오지 않았어. 눈물조차 흘리지 않은 못된 딸이었지.

그때 내 행동은 지금도 이해할 수가 없어. 늘 엄마가 돌아가실까 겁나고 무서웠던 난 이제 이 무서운 세상에서 할머니와 초등학교 5학년 동생을 책임져야 하는 가장이 된 거야. 그때 내 나이는 열아홉 살이었어. 엄마는 아버지가 돌아가신 지 딱 10년 되는 43세로 고단한 삶을 마치셨는데 그 이별 앞에서 딸이 울지도 않았으니 얼마나 외로운 저승길이었겠어.

엄마가 사셨던 나이에 그 반을 더 산 지금, 엄마의 가시는 발걸음이 얼마나 무거웠을까 가끔 생각하면 가슴이 아려. 더 기막힌 건 우리 식구는 장례를 어떻게 치르는지도 몰라서 원주에 사셨던 엄마의 오빠 가족과 안동에서 오셨던 몇 분이 화장을 해서 유골을 뿌리고 왔는데, 어디에 뿌리고 오셨는지도 몰라. 그때 난 물어볼 줄도 몰랐는지…. 이것도 이해가 안 되는 내 행동이야.

난 내가 이렇게 이기적인 인간인지 도무지 이해가 안 돼. 그렇게 엄마는 19살인 나에게 세 식구의 가장 배턴을 넘기시고 아버지가 기다리는 곳으로 떠나셨지.

내가 가장이 되다

난 엄마가 하시던 가게를 이어받아 19살에 신발 가게 주인이 되었어. 가게를 운영하는 건 그리 어렵지는 않았어. 엄마 심부름을 하면서 많이 배워서 잘했지. 그런데 늘 무서웠어. 엄마가 계실 때는 시키는 대로 도우미 역할만 하면 되었지만 이젠 모든 일을 내가 결정하고 행동하고 결과를 책임져야 하는 자리라 무서웠던 거지. 혹시 내가 실수라도 하면 내 뒤를 봐줄 사람이 없었기에 매사에 원칙과 신중이 우선이라 어떤 결정을 할 때도 전후좌우를 살피고 내가 선택한 일이 어떻게 전개될까, 시나리오를 머릿속에 그리기도 했지. 가게 문을 열고 닫는 시간도 정확히 하려고 했어. 동네 가운데에 있는 시장이라 보는 사람이 많아 어쩌면 내 행동이 동네 사람들 심심풀이 화젯거리가 될 수도 있다는 생각과 돌아가신 부모님께 누가 되면 안 된다는 생각에, 또 내가 가지고 있는 걸 잃으면 세 식구가 고생을 할까 봐 내게 가까이 오는 이들에 대한 경계심으로 살아갔어. 나이는 어렸지만 인생은 얼음판을 걸어가는 삶이라는 걸 너무 일찍 알아 버렸어. 그리고 그 삶은 내 평생을 지배했지.

엄마는 수완이 좋으셔서 신발 가게를 하면서도 불법인 미군 부대에서 나온 물건, 군부대 담배 등도 취급하고 사채 놀이도 하셨지. 내 돈이 부족할 때는 다른 사람에게서 싼 이자로 빌려서 조금 이익을 남기는 거야. 엄마가 돌아가시고 제일 어려운 일은 받을 돈과 주어야 될 돈을 정리하는 것이었어. 기록이 있어서 액수를 아는 건 어렵지 않았지만 그때는 어려운 사람들이 많아서 빌려준 돈을 받는 게 여간 힘든 일이 아니었어. 주어야 될 돈은 다 주었지만 떼인 돈이 좀 있었어. 그중에는 친구 엄마도 있었는데 그분은 여기저기 돈을 빌려 쓰시고는 다른 지방으로 이사를 가셔서 나와 함께 돈 받으실 분들은 단체로 돈을 받으러 갔으나 형편이 어려워서 받을 수가 없었어. 하는 수 없이 하룻밤을 자고 아침만 얻어먹고 왔는데 아침 밥상에 어떤 반찬이 있었는지는 기억이 없고 멀건 콩나물국을 먹은 기억은 평생 남아 있어. 어려운 형편에 많은 식구가 밥을 먹는 것도 어려운데 돈 받으러 온 사람들 아침까지 해야 하니 얼마나 난감했겠어. 가격이 저렴한 콩나물에 물을 잔뜩 부어

끓인 콩나물국은 국 한 그릇에 콩나물 몇 개만 둥둥 떠 있었어. 지금도 콩나물국을 보면 친구 엄마가 끓여 주었던 그 콩나물국이 생각나. 50년 전에 먹었던 콩나물국이 왜 지금까지 생각나는지 나도 모르겠어.

　엄마에게서 물려받은 가게를 운영하면서 나는 내가 감당할 수 있는 품목과 이익이 많은 쪽으로 상품을 정했지. 신발을 팔면서 군부대에서 나오는 '화랑' 담배는 불법이라 위험 부담은 있지만 이익이 괜찮아서 그냥 숨겨놓고 단골에게만 팔았는데 난 황당한 짓도 했어. 주변에 군부대가 많아 군인 가족들이 우리 가게를 들락거렸는데 그중에 헌병 부인도 있었지만 그 사람 앞에서도 담배를 팔았지. 속으로 '설마 신고하겠어'라고 생각했어. 지금 생각해 보면 맹랑했지.

　신발을 도매상에 가서 사 올 때는 옆 가게 안젤라 아줌마께 가게를 맡겼는데 자주 갈 수가 없어서 한 번 가면 좀 많이 사 왔어. 그때는 짚으로 만든 가마니 안에 물건을 넣어서 입구를 새끼줄로 엮었지. 가마니도 무거운데 운동화, 고무신을 넣으면 엄청 무거웠어. 배달로 버스 타는 데까지 자전거로 가져다 버스에 실었고 동네 정류장에 도착하면 차에서 굴려 내렸어. 힘으로는 내릴 수가 없어서 꾀를 낸 거지. 그리고는 지나가는 아저씨들에게 머리에 이어 달라고 해서 집까지 왔어. 머리에 이었던 짐을 땅바닥에 던지고 나면 목도 뻐근하고 힘이 좀 들었어. 그렇지만 더 힘든 건 교복 입은 친구들을 보는 것이라 친구들을 피하고 싶었어. 친구들이 부러웠지. 나하고는 전혀 다른 세상을 살고 있으니. 하긴 학교를 다닐 때도 가게 일 때문에 친구들과 어울려 논다거나 빵집 같은 데도 다녀본 적이 없어. 지금도 놀 줄을 몰라. 놀아 보지 못했으니 어쩌겠어. 그냥 열심히 사는 게 버릇이 되어서 지금도 무언가 열심히 하려고 해. 난 계속 기가 죽을 수 없다고 생각해서 다른 방법으로 세상 공부를 시작했지. 신문이나 책뿐만 아니라 내 손에 쥔 포장지조차 글씨가 있다면 다 읽었어. 그러다 보니 아는 것도 많아지고 많이 배운 사람들과도 대화를 할 수 있으면서 어디서도 기죽지 않고 당당해지는 거야. 난 이미 20대 때부터 가진 것이 별로 없어도, 많이 배우지 못해도, 늘 당당했지. 지금까지도….

신발 가게를 하면서 살펴보니 제 가격을 받고 팔 수 없는 신발이 많은 거야. 싼 가격으로 재고 처리를 했어야 하는데 아픈 엄마로서는 엄두를 못 내신 거지. 난 얼마라도 돈을 만들 욕심으로 일 년 선배인 이웃의 친한 친구를 꾀어 가까운 동네 장이 서는 날 재고 신발을 가지고 버스를 타고 가 장마당에 펼쳐 놓고 팔았지. 혼자였으면 힘들었겠지만 친구의 도움으로 장바닥에서 장사도 해봤어. 지금이나 그때나 돈을 벌어야 하는 가장은 힘들어. 얼마 전 그 친구와 전화를 하면서 50년 전 일을 꺼냈었지. 고마운 친구야….

또 난 사람들이 많이 겪지 않는 일을 당하기도 했어. 엄마가 돌아가신 지 1년이 안 된 이른 봄이었어.

그날은 바람이 많이 불었지. 손님이 와서 물건을 팔고 있는데 누가 내 뒤에서 고함을 쳤어.

"집에 불이 났어요! 불, 불!"

그 소리를 듣는 순간 눈앞이 하얗게 되면서 아무것도 안 보이는 거야. 번개가 지나가듯이 흰 커튼이 앞을 스친 거지. 그 경험은 내 인생에서 처음이자 마지막이었지만 누군가 그런 이야기를 할 때 이해가 돼. 방 열쇠를 찾아들고 정신없이 뛰어 집에 오니 소방차도 와 있고 지붕 위에는 사람들이 소방차를 도와 잔불 정리를 하고 있는 거야. 문을 열고 살림을 꺼내는데 평소에는 무거워서 들지도 못하는 물건들이 얼마나 가벼운지 정신없이 짐을 밖으로 끌어내었지. 그 가볍게 끌어내었던 짐을 다시 제자리로 옮길 때는 도저히 들 수가 없었어. 위급함이 닥치면 순간적으로 엄청난 힘이 생긴다는 걸 그때 알았지. 집에는 할머니와 동생이 방 하나를 쓰고 다른 방 하나는 세를 줬고 나는 가게에 있는 방에서 생활했는데, 불이 나기 얼마 전 할머니가 고모님 댁에 가시면서 동생과 난 가게에서 생활하느라 방이 비어 있어서 다행이었지. 하지만 불을 끄느라 뿌린 물이랑 타버린 지붕을 보니 넋이 나가버렸어.

한참을 주저앉아 있다가 불이 난 이유를 알아봤더니, 옆집 아주머니가 마당에서 휴지를 태우는데 바람이 불면서 불 붙은 휴지가 지붕 꼭대기에 떨어져서 우리 집 쪽으로 부는 바람을 타고 타기 시작한 거야. 그때 지붕은 볏짚을 엮어 올린 초가지붕이니 얼마나 잘 타겠어? 다행히 소방차가 오기 전부터 많은 사람들이 불을 끄려고 애쓴 덕분에 옆집과 붙은 부엌 쪽이 많이 타고 방 쪽은 피해가 심하지 않았어. 불에 탄 지붕 서까래도 바꾸어야 하고 지붕도 다시 덮어야 하고 끊긴 전기도 다시 연결해야 하는데 수리비가 문제였지. 그 댁 사정을 누구보다 잘 아는 나로서는 수리비 얘기를 꺼낼 수 없었어. 시장에서 쌀가게를 하시던 아저씨가 돌아가신 지 얼마 안 됐고 살림이 어려우셔서 겨우겨우 사는데 어디서 돈이 나와 우리 집수리를 주겠어? 자기 집은 우리보다 더 피해가 커서 그 수리비도 벅찬 분들인데 말이야. 많은 생각 끝에 옆집 아주머니에게 얘기를 했어.

"집수리는 각자 하고 우리 집 전기나 연결해 주세요."

이런 결정은 내 성격에서 비롯됐어. 난 어떤 일에 시간을 들여봐도 별 이득이 없다고 생각되면 당장은 손해가 되더라도 일찌감치 포기를 해. 그리고 지나간 일에는 별로 미련을 안 둬. 생각해 봐. 옆집에서 수리비를 받으려면 시간이 많이 걸리고, 이웃 간에 다툼도 해야 하고, 그렇다고 다 받는다는 보장도 없어. 그 일로 시간을 보낼 수는 없지. 살아간다는 건 매일 매일 어제와는 다른 새로운 날들이 밀려오는 거라는 걸 너무 일찍 알아 버린 거야. 빠른 포기는 상황에 따라 다르지만 그때 내가 선택했던 포기는 지금 생각해도 많은 점수를 주고 싶어. 대부분의 사람들은 살면서 한 번도 겪지 않는 불 난리를 20살 봄에 다 감당했어야 했지. 집에 불이 나면 잘 산다고 했는데 오랜 시간이 흘러 지금 잘 살고 있는 건 그때 불이 난 덕분일까?

집수리는 빨리 했어. 엄마 기일에 맞추어야 해서. 제사는 안 지내고 엄마가 다니시던 교회 분들이 오셔서 추도식으로 해 주셨어. 참 고마운 분들이었지. 그분들은 엄마가 돌아가시고 나서도 한 달 동안 우리 집에 오셔서 기도를 해주셨고, 내 결혼 때는 목사님이 주례를 서 주시면서 부모도 없이 하는 결혼이니 부모 대신 우리가 신랑 집을 가봐야 한다면서 시댁을 다녀오셨어. 참 고마운 분들이었는데 내가 원주를 떠나면서 그분들께 인사도 안 하고 왔으니 크게 잘못한 거지. 왜 그렇게 했는지 나도 이해가 안 돼, 큰 빚을 졌는데. 이제는 그분들을 찾을 수도 없고, 내일부터라도 나를 도와준 많은 분들을 위한 기도를 시작해야겠어.

19살 봄에 시작된 가장의 삶은 1년이 지나면서 자리를 잡아갔고, 나는 동갑이 아닌 사회생활을 하는 선배 언니들과 친구처럼 어울렸어. 원래의 친구들과는 시간대도 안 맞고 대화 소재도 학생인 그들과 사회생활을 하는 나와는 공통점이 없으니 만날 일이 없었지. 마침 옆에 편물점을 하는 언니들이 있어서 친하게 지냈어. 지금은 없어진 직업이지만 그때는 털실을 편물기라는 기계에 연결 시켜서 옷을 만드는 직업이 있었는데 기술이 있어야 할 수 있었지. 천으로 만드는 옷을 맞추듯이 털실 옷을 맞추는 거야. 아가씨들이 둘이나 셋이 함께 운영해. 그곳에 언니 친구들이 놀러도 와서 동네 아가씨들 집합소가 되었지. 그럼 또 동네 총각들은 이 핑계 저 핑계로 드나들었어. 나도 그때 그 언니들보다는 어렸지만 예쁘게 봐준 동네 오빠가 엑스 동생을 하겠다고 해서 그 언니들이 맺어준 오빠도 생겼었어. 그 오빠는 우리 집에서는 조금 떨어진 윗동네에 살았고 집안 형편이 괜찮았어. 아들 둘은 다 서울에서 대학을 다녔고 부모님도 인품이 좋으신 분이었지. 그 오빠는 누나는 있지만 여동생이 없어서 나를 여동생으로 삼고 오빠가 되고 싶었던 거지. 절차를 중요시하는 나는 동네에서 오해가 생길 듯해서 오빠 부모님을 찾아뵙고 인사를 하고 어버이날, 명절 때는 빠지지 않고 인사를 다녔어. 뒤에 자세히 말하겠지만, 그분들은 내 결혼 때도 잔치에 쓸 떡을 다해 오셨어. 신부 입장 때는 친척들 중 6촌 오빠, 7촌 아저씨도 나를 데리고 입장하는 것을 마다하셔서 오빠 아버님이 내 친정아버지가 되어 내 손을 잡고 입장해주셨어. 고마운 분들이었지. 내가 원주를 떠나고 오빠도 결혼하고 내 삶이 어려워지면서 못 찾아뵈었어. 그러다가 두 분도 다 돌아가시고 오빠와도 연락이 끊어진 지 벌써 몇십 년이 됐지. 어디서라도 잘 살고 계셨으면 좋겠어. 내게서 부모님은 일찍 떠나셨지만 많은 천사분들이 부모나 형제처럼 어려울 때마다 함께 해 주셔서 잘 살아 올 수 있었지. 내가 복이 많은가 봐.

결혼을 하다

시장 안에서 가게를 하다 보니 물건만 사러 오는 게 아니라 놀러 오는 사람들도 있었어. 군인 가족 중 젊은 새댁들이나 하숙을 하는 총각, 직업군인들이 놀러 왔지. 그때는 지금처럼 차를 파는 집도 없었고, 오며 가며 아는 척 하다가 친해지면 가게 앞 의자에 잠깐씩 앉아서 놀다가 가기도 했지. 그때 동네 총각들에게는 처녀들이 모여 있는 편물점 언니들과 내가 인기가 좀 있었지. 그중에 소위 계급인 이 소위가 결혼을 목적으로 나를 찍어서 작업을 한 거야. 나중에 알게 되었지만 이 소위가 동네 아주머니들에게 신붓감을 추천해 달라고 했고, 아주머니들이 나를 추천하더라는 거지. 내가 나이는 어리지만 생활력이 강하다는 말을 듣고 나를 꼬신 거야. 나 역시 잘생긴 인물에 군복이 잘 어울려 멋져 보인 이 소위에게 호감을 가졌었지. 동네에는 군인들이 많으니 군복 입은 모습에 친근감도 있었어.

그런데 조금 친하게 지낼만할 때 이 소위는 중위로 진급하면서 파월 장병으로 월남을 갔어. 우리는 1년 동안 편지를 주고받았지. 편지 내용은 위문편지 정도였어. 난 나이도 어렸고 할머니와 초등학교 6학년 동생을 돌보아야 하는 가장으로 위문편지 내용에 책이라도 잡혀서 나쁜 일이라도 당할까 겁이 났거든. 이 중위가 어떤 사람인지 모르니 나는 조심을 한 거야. 월남 근무를 마치고 부산항에 도착할 때 부산으로와 줄 수 있느냐는 편지에 딱 잘라서 거절했지. 그리고 더이상 연락을 하지 말라고 했어. 그리고 얼마 지나지 않아 우리는 다시 만날 수 있었어.

그날도 나는 시내에 가서 신발을 한 가마 사서 머리에 이고 집에 오는 길이었어. 이 중위랑 그 친구되는 사람들이 집으로 찾아온 거야. 사연인 즉, 이 중위는 원주에서 중학교를 다녔었는데 월남 근무를 마치고 휴가 중이라 원주에 친구들을 만나러 왔고 그 친구들에게 나와의 관계를 말한 거지. 이야기를 들은 친구들이 '너 혼자 찾아갈 용기가 없으면 우리랑 같이 가자'며 여럿이 이 중위를 앞세우고 찾아온 거지. 그리고는 옆 가게 안젤라 아줌마랑 한 동네에 사시던 엄마 외사촌 동생나에게는 이모가 되시는 분인데 그 이모는 30대 후반으로 성격이 화통하신 분이었지을 찾아다니며 결혼을 허락해

달라고 조르는 거야. 그렇게 점점 결혼 쪽으로 기울어지는데 내 생각에는 더 가까운 분들의 허락도 있어야 될 듯해서 안동에 사시는 한 분뿐이신 이모님과 우리 집에 사셨던 7촌 아저씨 두 분에게 친가 외가 대표로 편지를 보냈어. 그때는 전화가 없던 때라 편지로 연락을 했어. 며칠 후 두 분이 오셨고 할머니랑 모두 모여서 의논한 후 결혼을 허락받았지. 그분들이 생각하시기에는 동네 분위기도 안 좋고 임자를 정해주는 게 좋겠다고 생각하신 듯해. 그분들 눈에 이 중위도 착실해 보였는지 그렇게 결혼은 진행되었어.

5월 30일로 날짜까지 정해주시고 이모님은 이불을 만들어 오시기로 했는데, 이불 만드는 재료는 모두 엄마가 준비해서 이모님께 맡겨 놓으셨던 거라고 하시는 거야. 몸이 아프신 엄마는 딸 시집보낼 때까지 살아계실 자신이 없으셨던 거지. 결혼 준비는 이 중위와 나 둘이서 했는데 결혼식은 엄마와 내가 다니던 동네에 있는 감리교회에서 치르고 목사님이 주례를 하기로 하셨어. 금으로 된 반지와 옷 한 벌씩 서로 주고받기로 하고, 나보다 먼저 결혼한 선배가 맞추어 입었던 웨딩드레스를 빌리고, 신부 화장은 미용사였던 친구가 해 주었지. 그 친구는 초등학교 동창으로 40년 전부터 지금까지 내 머리 손질을 해 줘. 피로연은 두 군데로 나누어서 했는데 이 중위 군부대 동료와 친구들은 동네 중국집에서, 교회 식구들과 동네 분들은 우리 집에서 국수 잔치를 했어. 잔치음식을 준비해 줄 사람이 없어서 결혼식 며칠 전부터 내가 장을 보러 다녔어. 국수랑 김치 재료 등 21살에 시집을 가는 신부는 모든 걸 제 손으로 준비한 거지. 잔치 떡은 엑스 오빠의 아버님 댁에서 해 오셨고. 그렇게 많은 분들의 도움으로 결혼을 하게 되었어.

그런데 신부를 데리고 식장에 들어갈 사람이 없었어. 안동에서 오신 친척분들은 그때 너무 젊어서인지 거절하시고 결국은 엑스 오빠의 아버님이 내 손을 잡아 주셨어. 결혼식에는 친구들은 안 왔고 동네 선배 언니들이 많이 왔었지. 친구들은 나이가 어리기도 하고 함께 어울리지도 않았고 함께 놀던 선배 언니들이 모두 와서 신부 친구들 사진에는 전부 언니들이었어. 또 고마운 분이 한 분 있는데 그분은 군인 대위로 오며 가며 인사를 주고받던 분이야. 결혼식 중에 자신이 준비해 온 카메라로 여러 장면의 사진을 찍어서 30장 정도의 사진을 결혼선물이라며 주는 거야. 그때는 카메라도 흔하지 않았는데. 그분의 선물은 아주 큰 선물이었지. 지금도 가끔 그 사진을 꺼내 볼 수 있으니까.

내 결혼은 부모님이 안 계시기 때문에 여러 가지로 어려움이 많았지만 신랑인 이 중위도 마찬가지였지. 이 중위의 부모님은 연세도 많으시고 결혼을 준비해 줄 능력이 없어서 결혼식 때만 참석하신다고 해서 모든 건 스스로 다 준비해야 했어. 그런데 결혼식에 아버지는 안 오시고 교복 입은 여학생이 어머니를 모시고 온 거야. 나는 그 상황을 판단할 정신이 없었는데 나중에 이모님이 뭔가 문제가 있다면서 걱정을 하셨지. 그렇게 정신없이 결혼식을 마치고 춘천으로 가서 시아버님께 인사를 드렸어. 그때 내 결혼은 동네 화젯거리였고 많은 분들의 도움이 있었지. 안동에 계시는 친척분들은 결혼식에 참석만 하셨고 원주에 사셨던 외가 쪽 먼 친척분들과 교회신자 분들, 엄마 친구분들이 잔치음식을 만들어 주셨어. 그때는 잔치 음식을 다 집에서 만들었기 때문에 며칠 동안 고생을 하셨지. 그렇게 29살 신랑과 21살 신부의 부모님의 빈자리를 동네 분들이 다 채워주셨지. 참 고마운 분들이야.

이제 이 중위는 내 남편이 되었고 남편은 근무지가 가까운 동네라 집에서 출퇴근했는데 식구가 한 명 더 늘어난 거지. 그때 남편의 월급이 얼마였는지 기억은 안 나지만 적은 액수였던 거 같아. 그 월급으로 시댁 생활비도 보내야 했어. 사정을 알고 보니 남편은 30살이 다 되어 가지만 경제적 능력이 안 되어 결혼을 할 수가 없었던 거지. 중위 월급으로 자신의 하숙비에 집의 생활비며 동생 학비까지 감당해야 하니 결혼은 생각할 수가 없어서 돈을 벌기 위해 월남 파병을 지원했던 거야.

남편은 1년 근무를 해서 번 돈으로 결혼하고 나서 바로 춘천 시내에 방이 여러 개 있는 집을 샀어. 월세도 받고 부모님을 그 집에 모시려고. 부모님은 시골에서 남의 땅을 빌려 작은 초가집을 짓고 사시면서 소를 키우고 남의 땅에 농사를 지으면서 남편이 조금씩 보내는 돈으로 생활하셨는데, 연세가 많으셔서 농사를 더 지으실 수도 없고 또 새로 산 집도 관리를 해야 하니 월세는 부모님 생활비로 받아서 쓰시라고 했어.

그렇게 시작된 결혼생활로 나에게 더 많은 일거리가 생겼어. 결혼을 해서 남편의 도움을 받을까 했는데 시부모에 시누이까지 어깨에 짐이 더 지어졌어. 가게는 계속했는데 초겨울이 시작되면서 어느 날부터인가 자꾸 추워지더니 임신을 한 거야. 더이상 가게를 할 수 없을 때까지 몇 개월을 더 버티다가 가게를 정리해서 쉬게 되었어.

22살 초가을에 첫 아들을 낳았지.
"네 어미가 살아 있었다면 얼마나 좋아하겠느냐."
할머니는 무척 기뻐하면서 우셨어. 그때는 아들이 없으면 그 집에 대가 끊어진다고 해서 형제끼리나 가까운 집안끼리 양자를 들였어. 우리 집도 외아들이었던 아버지가 돌아가셨고 엄마는 딸만 낳으셨으니 대가 끊어진 집이고 아들이 귀한 집이라 할머니는 너무나 기쁘셨던 거지. 아들만 키우면서 좀 편히 살까 했는데 어느 날 남편은 너무 오랫동안 해 온 군생활이 힘들어서 더이상 못 하겠다며 전역을 신청해서 제대를 했어.

남편은 고등학교 졸업 후 바로 군 입대를 해서 사병 생활을 하다가 하사관으로 또 시험을 통해 늦게 장교로 임관을 하면서 오랫동안 한 군 생활이 지겨

웠던 거야. 특히 새벽에 출근하는 생활이 너무 힘들다고 했어. 제대를 해서 새벽 출근은 안 해도 되었지만 직업을 구하기가 힘든 시대라 또 먹고 살아야 하는 걱정이 생긴 거야. 사회생활을 전혀 해 본 적이 없는 남편에게 모두를 맡길 수는 없어서 나는 또 일을 시작했지.

많은 생각 끝에 기름집을 시작했지만 수입이 별로였어. 둘이서 잘 안 되는 가게를 지키고 있을 수가 없어서 남편은 일거리를 찾던 중 가까운 동네 예비군 중대장을 하게 되었지. 20대 초반인 나는 신발 가게도 했었고 기름을 짜는 기름 가게까지 하게 되었어. 기계가 좋아서 힘은 많이 안 들었지만 깨를 볶을 때 나무를 때서 볶아야 하는데 불 조종에 이일 저일 혼자서 일을 할 땐 무척 바빴지.

2년 정도 지나면서 더 나은 직업을 찾던 중 남편은 친구를 통해 독일 광부로 가는 길을 알게 되어. 광부 지원을 했는데 합격을 한 거야. 그때 파독 광부와 파독 간호사는 일거리가 없어 실업자가 많았던 우리나라 사람들에게 인기가 많았어. 3년 계약직으로 다녀오면 많은 돈을 벌 수 있는 좋은 기회였지. 지금 우리나라에 온 외국인 근로자를 생각하면 돼. 우리나라가 가난했고 일할 곳이 없어 대학을 나와도 직장을 구하기가 힘들어서, 그때 대학을 나온 사람들이나 남편처럼 제대로 된 일자리를 찾지 못했던 사람들에겐 좋은 기회였지. 이종사촌 오빠도 대학을 나왔지만 파독 광부로 가서 그곳에서 간호사와 결혼하고 그곳에

뿌리내리고 사시는데 오빠는 교포 사회에서 일도 하
셨고 자식들도 잘 키웠어. 늘 고향을 그리지만 잘 사
시고 계신 것으로 알고 있는데, 이모님이 돌아가시고
는 소식을 알 수 없지만 지금도 잘 살고 계실 거야.
  남편은 독일로 갈 준비를 하면서 춘천으로 이사를
가서 시부모님을 모시기를 원해서 원주를 떠나 춘천
으로 이사를 했어. 제2의 고향 같은 원주에서 아버지
와 엄마는 세상을 뜨셨고 할머니, 동생과 함께 다섯
식구의 새 삶은 춘천에서 시작되었지.

춘천으로 이사를 가다

　남편의 출국이 어느 정도 정해질 듯해서 춘천으로 이사를 했지. 원주에 살던 집을 팔아서 집에서 가까운 곳에 땅을 사고 나니 돈은 얼마 남지 않았어. 이른 봄에 이사를 한 후 남편은 바로 출국할 줄 알았는데 건강 검진에서 흉부에 문제가 있어서 시간이 걸린다고 하니 이제 큰일 난 거야. 가진 돈은 얼마 없고 일곱 식구를 부양해야 하는 데다가 둘째를 가져 6월에 출산을 해야 했어. 남편은 일을 하고 싶어도 일자리도 없고, 내가 살아오면서 먹을거리를 걱정해 본 건 그때가 처음이었지. 마음고생도 많았고 시어머님과 한집에 살게 되면서 결혼 때 이모님이 걱정하셨던 그 걱정은 현실이 되었어.

어머님에 대한 이야기는 참 조심스럽지. 이미 오래 전에 고인이 되셨고 그분의 허물을 들추는 건 가족들에게도 불편한 일이지. 그래서 다 이야기할 수는 없지만 내가 겪어 본 어머님은 평생을 자신만을 위해 사신 분이야. 미래의 일이나 자식을 위한 일은 안중에 없었고 지금 당장 당신만 편하면 되는 하루살이 같은 삶을 사신 분이셨어. 시아버님은 남편의 친아버지가 아니었어. 그분은 6·25 때 홀로 피난을 오셔서 아들 딸린 어머님과 살면서 딸을 낳으셨고, 경제적 능력이 부족했는지 어쨌는지 의붓아들인 남편을 학교에도 안 보내셨지.

남편은 국민학교부터 고등학교까지 고학으로 학교를 마치고 군에 입대했대. 군 입대를 해서 사병에서 하사관으로, 또 다시 장교로 직업군인이 되면서부터는 가난한 집 걱정에 근무지인 군부대 인근으로 부모님을 모셔와 돌보면서 여동생 공부도 시켜야 했으니 가난을 벗어날 기회가 없었던 거지. 다행히 월남전을 다녀오면서 나와 결혼을 할 수 있었고 집도 마련하게 된 거야. 내가 춘천으로 이사 왔을 때는 시부모님 두 분만 사시다가 다섯 식구가 더 보태져서 일곱 식구가 되었어. 시누이는 서울로 취직이 되어서 집에 없었지. 난 가족관계가 좀 이상하다고 느꼈지만 물어볼 수 없는데 함께 살면서 알게 되었어. 착한 남편은 어머니의 재혼으로 여동생까지 생겨 세 식구를 책임졌으니 경제적 어려움이 심했겠지. 결혼 때도 시부모님은 능력이 안 되니 한 푼도 도움을 주지 못

하셨고 며느리인 내겐 평생 양말 한 켤레도 선물하지 못하셨어.

출국을 기다리던 남편은 아주 힘든 시간을 보냈지. 아주 대단하신 어머님과 중풍으로 거동을 못 하시는 아버님은 방에서 고함만 지르시고, 자신은 언제 출국을 할 수 있을지 아니면 아주 못 가게 될지도 모르는데 둘째는 곧 태어나게 생겼지…. 가장인 남편으로서는 피가 마르는 시간이었을 거야.

우리 할머니는 또 어떻겠어. 연세도 많으신 분이 시집간 손녀를 따라 춘천이라는 곳에 오셔서 사돈과 함께 사셔야 하는 비참함에 더해서 귀하게 키운 손녀가 마음고생, 몸고생하는 모습을 지켜봐야 하는 그 마음은 어떤 말로도 표현할 수가 없으셨을 거야. 동생도 불만이 많았겠지. 왜 일찍 결혼을 해서 다 이 고생을 하느냐고 나한테 대들고 싶었을 거야.

그 지옥 같은 상황에서도 네 살짜리 아들의 재롱은 위로가 되었어. 마음고생 못지않게 몸도 힘들었지. 그 많은 식구 빨래는 펌프질로 물을 퍼 올려서 빨았고 세끼 밥을 하는 일도 힘들었어.

남편이 해외에 나가서 돈벌이를 할 때까지 쓸 돈이 점점 줄어들면서 둘째 해산 때 쓸 병원비도 없어서 결혼 때 남편에게 해준 금으로 된 넥타이핀을 팔아 병원비로 쓰려고 했지. 둘째는 집에 돈이 없는 줄 알았는지 아니면 세상 구경을 빨리하고 싶었는지 병원에 갈 새도 없이 건강하게 태어났어. 나는 25살에 두 아들의 엄마가 된 거지. 내 산후조리는 동생이 다

했어. 오래도 못 했지만. 수입 없이 계속 그냥 있을 수가 없어서 궁리를 하다가 집에 딸린 조그만 가게에 만화 가게를 시작했어. 그때는 집에 TV가 없는 집이 많아서 만화 가게에서 만화도 보고 TV도 봤지. 그래서 병원에 가려고 준비했던 돈이랑 남편 군 잠바를 팔아서 TV와 만화책을 구입해서 가게를 시작했어. 당시에는 수출품이었던 뜨개질을 하면 한 장에 얼마씩 인건비를 받았기 때문에 나는 산후 조리도 제대로 못하고 뜨개질을 하면서 만화 가게를 했지. 남편도 그냥 놀 수 없다며 무작정 서울로 올라가서 여의도 아파트 공사장에서 일을 했는데 얼마 안 하고 돌아왔어. 하루 일당을 받아서 밥 사 먹고 여관에서 잠을 자고 나면 남는 돈이 없어서 집에 가지고 올 돈이 없다는 거야. 혼자 입 해결을 위해 있을 수

가 없었던 거지. 그때는 인건비가 참 적었어. 다행히 만화 가게 수입과 뜨개질 수입으로 겨우 쌀과 국수를 살 수 있었고 반찬은 동네 가까운 곳에 사놓은 땅에 야채를 심어서 해 먹었지. 그렇게 여름이 지나고 찬 바람이 불기 시작한 늦가을에 남편은 독일로 갔어. 지금도 그때를 생각하면 내 생애 최악의 순간이었는데 잘 견디어 낸 것 같아.

남편이 독일로 간 뒤에 만화 가게는 그만두고 애들만 키웠는데 하루는 옆집 아저씨가 자기 집에 페인트칠을 하는 거야. 칠을 한 곳은 깨끗하고 집 전체가 새집으로 변해가는 걸 보면서 늘 뭔가 해야 하는 내 성격이 일거리를 찾은 거지. 나도 페인트를 사다가 며칠을 집 단장을 했는데 높은 곳은 사다리를 놓고 올라가서 칠을 했어. 방이 네 개고 부엌이 두 개인데다가 작은 가게가 있는 집이라 제법 큰일이었는데도 했지. 내 극성은 거기에서 끝나지 않고 기차를 타고 서울 동대문 시장에 가서 옷을 사다가 동네 아줌마들에게 팔기도 했어. 동대문 시장에서는 주로 한 가게에서 똑같은 옷을 가게 주인이 디자인해서 팔았는데 난 좀 특별한 걸 사다가 팔았지. 이집 저집에서 팔다가 몇 장씩 남은 걸 모아 놓은 가게에서 파는 옷은 디자인도 다양한데다가 잘 고르면 꽤 괜찮은 옷을 싼 값에 살 수 있었어. 그 옷을 사다가 동네에서 팔았지. 늘 분주히 움직이는 삶을 즐기는 나는 주변에 뭔가 또 일이 있을까 하던 중 이웃의 아주머니들이 시골로 버스를 타고 가서 나물을 캐다가 팔기도 하고 먹기도 하는 것을 눈여겨보다가 재미가 있을 듯해서 따라다니게 됐어. 나물을 열심히 뜯어도 내 능력으로는 판매할 만큼은 못돼서 온 식구가 맛있게 먹었지.

늦가을에는 아주머니들을 따라다니며 무 수확이 끝난 빈 밭에 가서 수확해가고 남은 무를 주워서 정부미 쌀자루에 담아 머리에 이고 버스를 타고 동네에 와 다시 머리에 이고 집에 와서 짠무를 담았지. 그렇게 담아두었던 짠무는 다음 해에 서울로 이사 오면서 먹지도 못했어. 하긴 짠무는 늘 먹던 반찬이 아니라 좋아하지 않았지만 시골 생활을 안 해 본 나에게는 들판을 다니며 공짜로 주어지는 재미있고 소중한 반찬거리였어.

점점 생활이 안정되면서 신앙생활을 해야겠는데 어떤 교회를 갈까 고민하던 중 이웃에 사는 분을 따라서 성당을 갔지. 개신교 신자로 교회에서 결혼도 했지만 교회의 분위기는 나하고 잘 맞지 않는 듯해서 한번 가보고 싶은 곳이라 따라갔어. 성당의 엄숙하고 조용한 분위기가 좋아서 6개월 교리를 받고 수녀님이 지어주신 가타리나라는 세례명으로 하느님의 귀한 딸이 되고 두 아들도 함께 유아 세례를 받았지. 큰아들은 베드로, 작은아들은 바오로. 그땐 세례명에 대한 지식도 별로 없이 수녀님이 지어주시는 대로 따랐는데, 아주 잘 지어주신 세례명이야. 나를 성당으로 인도해 주셨던 분을 대모로 모시면서 내겐 의지할 수 있는 하느님과 대모님이 생긴 거지. 그때 내 상황은 남편이 해외로 가서 경제적인 건 해결되었지만 복잡한 관계의 가족들이 모여 한집에서 생활하는 어려움이 컸어. 어머님의 말과 행동은 이해하기 어려웠고 정말 힘이 들었어.

그렇게 2년 가까이 지나고 남편이 휴가를 내어서 귀국했고, 그동안 모아 두었던 돈으로 남편 친구들이 사는 서울로 친정 식구와 함께 다섯 식구는 이사를 하게 되었어. 일곱 식구의 지지고 볶는 삶이 드디어 끝난 거야. 함께 어울려 살기에는 모두가 서로 힘이 드는 관계였고 20대 중반이었던 나는 그 갈등의 중간에서 중재자 역할을 하는 게 힘에 부쳤는데 서울로 가면서 마음이 편하게 된 거지.

서울에서 살게 되다

　이사 온 서울 집은 주택단지에 새로 지은 지 얼마 되지 않는 최신 주택으로 살기에 편하고 좋았어. 내가 살던 집 중에 제일 좋은 집이야. 골목 양쪽으로 비슷비슷한 집들이 쭉 있는데 이상한 건 모두가 대문을 걸어 잠그고 산다는 점이었지. 공동체적인 동네 사람들 속에서 살아온 내게는 이상하고 갑갑한 거야. 애들도 골목에 나가서 놀아야 하는데, 난 대문을 활짝 열고 지방에서처럼 내 방식대로 살았어. 시간이 지나면서 이집 저집이 모두 대문을 열고 골목 안 이웃들은 서로 음식도 나누면서 재미있게 살았어. 바로 옆집 친구에게는 성당에 함께 다니자고 전교를 해서 친구와 딸이 함께 영세를 받았지. 내가 두 모녀의 대모가 되면서 두 모녀는 모니카와 로사로 하느님의 귀한 딸이 되었고 나에게는 처음으로 대녀가 생겼지. 돌아보니 45년이 넘었네. 어디에 살고 있을지는 모르지만 내 기도 안에서는 늘 만나. 이사 온 다음 해에 집 옆으로 남부순환도로 공사가 시작되면서 도로와 인터체인지를 만들 흙이 집 높이 이상으로 쌓이면서 주변이 복잡해지기 시작했는데, 여름 장마가 시작되면서 길에 물이 차는 거야. 물길이 막힌 거지. 물이 집으로 들어오는 걸 막으려고 대문 앞에 흙 주머니도 쌓아보고 했지만 안 될 듯해서 할머니와 두 아이에게 비가 덜 스며들 옷을 입혀서 앞집 옥상으로 피신시키고, 방으로 들어가 통장이랑 돈 등 중요한 서류를 가방에 넣어서 높은 창문틀에 올려놓고 이불, 텔레비전, 옷 등을 다락으로 올렸지. 정신없이 물건들을 다락으로 옮기는 중 물이 방으로 밀려들어오는 거야. 순간적으로 더 있다가는 못 빠져나갈 것 같아서 들고 있던 옷을 방바닥에 던지고 앞집 옥상에 비를 맞고 있는 할머니와 두 아들에게 달려갔지. 할머니는 공사장 직원이 업고 큰아들은 이웃집 힘센 친구가 업고 작은아들은 내가 업고 개울이 된 골목을 빠져나오는 데 무척 힘이 들었어. 물은 허리까지 올라오고 도로 한가운데에는 맨홀이 있어 물에 빨려들어 갈 거 같아 담에 바짝 붙어서 빠져나와 공사장 언덕에 올라가서 보니 온 동네가 물바다야. 사람들은 물 구경을 왔는지 그 언덕에는 사람들이 많았어. 나처럼 물속을 빠져나온 사람들은 모두 물에 빠진 생쥐 꼴로 떨고 있었지. 지금 같으면 건설 회사 측에서 어떤 조치를 취했겠지만 그땐 그런 것도 없었어.

다행히 남편 친구가 소문을 듣고 달려와서 네 식구를 자기네 집으로 가자고 해서 그냥 따라갔지. 옷에서는 물이 줄줄 흐르고 그때 동생은 집에 없어서 네 식구만 며칠 그 댁에서 신세를 졌어. 갈아입을 옷이 없어 그 집 식구들 옷을 대강 빌려 입었지. 속옷은 사서 입고 다행히 그 집 두 아들 중 큰아들은 우리 아들보다 더 크고 작은아들은 우리 큰아들과 동갑이라 빌려 입는 데는 어려움이 없었어. 비가 그치면서 물이 빠진 집은 난장판이야. 재래식 화장실도 물이 넘쳤고 공사장에서 흘러내린 흙탕물은 물만 빠지면서 흙이 방, 마루, 마당에 잔뜩 쌓여서 다 긁어내야

했고, 미처 치우지 못했던 옷들도 흙탕물이 들어서 빨아도 제 색이 안 나와 하루종일 빨래를 해야 했지. 그때는 세탁기가 있었는지 없었는지는 모르지만 나에게는 세탁기가 없었으니. 하긴 세탁기가 있어도 물에 다 잠겨서 망가졌을 거야. 그때 온 동네는 흙탕물에 잠겼던 옷과 이불을 빨아서 말리느라 빨래를 널 수 있는 곳은 모두 널어서 온 동네가 만국기를 걸어놓은 듯 별난 광경이었지. 나는 그 물난리로 귀중한 옷 두 벌을 잃었어. 결혼 때 남편이 해 준 한복과 남편의 모시 저고리 한 벌이 물속에 잠기면서 내 옷에서 흘러나온 붉은색, 푸른색이 모시 한복에 색을 입히고 진흙이 묻어서 입을 수가 없어서 버렸어. 특히 모시옷은 의미가 있는 옷이었지. 엄마가 사위 얻으면 해 입힌다고 필로 사 두었던 천을 할머니가 손바느질을 해서 만드신 옷인데 몇 번 입어보지도 못하고 버렸으니 속이 많이 상했지.

바닥에 쌓였던 진흙은 가까운 곳에 사는 남편 친구들이 삽으로 긁어내고 물을 뿌려 쓸어냈어. 물에 찬 집 정리가 얼마나 어려운지 내가 당해보니 알겠어. 그래서 TV에 수해 현장이 나오면 혼자 중얼거리지.

"에고, 고생이 많겠구나."

정리가 다 되는 데는 며칠이 걸렸어. 남편이 집에 없으니 내가 모두 해결해야 하는 상황이라 힘이 많이 들었고 물난리를 겪으면서 물이 무섭다는 걸 알게 되었어. 물은 눈 깜짝하는 사이에 엄청난 양으로 늘어나서 빨리 피해야 해. 우물쭈물하다가는 오도가도 못하고 갇히게 돼.

나는 일복이 많은 건지 20살에는 부모도 안 계실
때 집에 불이 나는 일을 겪어야 했고 27살에는 남편
이 집에 없는 사이에 물난리를 당했어. 보통 사람들
은 평생 겪어 보지도 못 할 일이 나에게는 다 몰려
왔으니 확실히 일복이 많은 사람으로 태어난 거지.
그래도 가까운 곳에 사는 고마운 남편 친구들 덕분
에 고생을 덜 했어. 그때 며칠 신세를 졌던 남편 친
구 부인은 몇 년 후에 성당에서 세례를 받으면서 내
가 대모가 되고 그분은 세실리아라는 세례명으로 하
느님의 귀한 딸이 되었고 남편 친구도 얼마 전에 세
례를 받아 성가정이 되었지. 이제 모두 석양에 걸린
해님이라 언제 떠날지는 모르지만 건강하게 살다가
며칠만 아프고 긴 여행을 마쳤으면 좋겠어. 물론 하
느님이 하시는 일이라 그분께 모두를 맡길 뿐이지.

그즈음에 춘천에 계시는 어머님으로부터 시아버님
이 돌아가실 듯하다는 연락을 받고 춘천으로 갔는데
그렇게 위중하시지는 않았으나 연세도 많으시고 오
래 사시기는 힘들 듯해서 이웃에 사시는 대모님과
의논을 해서 대세를 드렸지. 그리고 미리 장례 치를
의논도 했어. 돌아가시면 남편이 집에 없으니 내가
다 장례를 주관해야 하는데 27살인 나에겐 벅찬 일
이지. 물론 당하면 다 하겠지만 교회에서 도움을 받
을 수 있다는 대모님의 말씀을 따르기로 하고 다시
집으로 왔지. 그렇게 몇 번을 왔다 갔다 하다가 시아

버님이 돌아가셨는데 성당 연령회 분들의 도움으로 성당 묘지에 모셨고, 70세가 넘어서 돌아가신 건 호상이라며 연령회 분들이 기쁜 마음으로 모든 절차를 빈틈없이 봉사해 주시는데 너무나 고마웠어. 아버님의 삶을 돌아보면 참 안 되었다는 생각도 들고 한편 다행이라는 생각도 들어. 이분에 대해서 자세한 이야기는 듣지 못해서 잘 알지는 못하지만 이북에서 혼자 나오셔서 어렵게 사시다가 떠나셨으니 얼마나 외로우셨겠어. 다행인 것은 딸이라도 하나 있고 친아들은 아니지만 그 아들이 사놓은 집에서 임종하시고 마지막 장례미사를 치러드렸으니 마지막 발걸음은 그리 무겁지 않았으리라 생각해.

어느 날인지 기억은 없는데 세무서에서 편지가 왔어. 증여세를 내야 하니 세무서를 방문해 달라는 거야. 내용을 보니 집이 내 명의로 되어 있는데 20대 중반의 젊은 여자가 어떻게 돈을 벌었는지 소명자료를 가지고 오라는 거지. 그때 내 명의로 한 건 남편이 독일 근무가 끝나면 남미 쪽으로 이민 갈 계획이어서 나중에 재산 정리를 하려면 한국에 있는 내 명의가 복잡하지 않을 것 같아서였지. 무지한 생각이 큰 화를 불러왔어. 그 일로 세무서를 방문했는데 세무서 직원이 지금으로 표현하면 나에게 성희롱을 하는 거야. 몹시 불쾌하지만 아무 소리도 안 하고 왔는데 그냥 참을 수가 없어서 어떻게 하나 궁리했어. 세무서 직원의 잘못이 화가 나기는 하지만 일을 너무 크게 만들고 싶지는 않았어. 그래도 그냥 넘길 수가 없어서 이튿날 오후에 세무서를 갔지. 일부러 오후에 갔어. 오후에는 외근을 하는 경우가 많아서 사무실에 사람이 많지 않다는 걸 내 경험으로 알았지. 다행히 그 직원은 외근을 안 나가고 예상대로 빈자리는 많은데 실습 나온 학생들인지 학생으로 보이는 사람들이 몇 명 있었어. 난 큰 소리로 떠들었어.

"이 세무서 직원들은 근무 중에 민원인을 상대로 성희롱하는데 당신들이 공무원 맞아?"

세무서에 있던 모든 사람들이 나를 다 쳐다보았고 당황한 직원도 큰 소리로 말했지.

"이 여자, 미쳤어?"

나를 미친 사람으로 만드는 거야. 난 또 여러 말로 떠들었지. 그때 한 직원이 내 팔을 잡더니 문밖으로 끌고 나오는 거야. 끌려 나오면서 이 층 계단을 보니 세무서장 방 안내 표시가 눈에 확 들어 오길래 또 한 번 떠들었지.

"이거 봐요. 나 오늘 세무서장 만나고 가야지 그냥 못 가!"

그 공무원이 참아달라고 사정사정하면서 버스 정류장까지 나를 잡아끌어서 나는 못 이기는 척 하면서 버스를 타고 집에 왔지. 그 정도면 된 듯해서 속이 좀 시원했어. 저녁을 하려는데 달걀이 없어서 달걀을 사 들고 골목을 들어서는데 세무서 직원이 집 앞에서 나를 기다리고 있었는지 서 있었어. 난 무시하고 대문으로 들어서는데 따라 들어오더니 말했지.

"여자가 창피한 줄도 모르고 세무서에 와서 떠들어?"

기가 막혔지. 순간적으로 '이 사람은 한두 번이 아니구나' 하는 생각이 들었어. 나도 한마디 했지.

"내가 왜 창피합니까? 이 일 끝나면 당신들 볼 일 없습니다."

그제서야 그 직원은 주머니에서 작은 봉투 하나를 꺼내더니 나한테 내밀었어.

"이거 가지고 세무사에게 가면 세무사가 잘 해결하는 방법을 알려줄 테니 필요한 서류 만들어서 가지고 와요."

그러고는 뭐라고 궁시렁거리면서 갔지. 그렇게 해서 세금을 한 푼도 안 냈어. 어떤 서류였느냐 하면 그때 돈이 부족해서 안방과 작은방을 세준 전세 계약서와 친정 재산이 있었다는 내용과 내가 가게를 해서 모은 돈이라는 내용을 증명하는 거였어. 그걸로 세금을 안 내었던 걸로 기억해.

나의 20대는 많은 일을 겪었고 그 경험들로 더 큰 세상을 볼 수 있었고 그 후의 삶에도 도움이 된 듯해. 화려한 20대였다고 말하고 싶어.

집을 지어서 이사를 가다

  남편이 독일에서 일을 다 끝내고 돌아오면서 우리 부부는 새로운 일을 시작해야 했어. 우리는 어떤 일을 할까 찾던 중 집에서 가까운 곳에 상가를 지을 수 있는 땅을 매입했어. 살고 있는 집을 팔고, 독일에서 벌어온 돈과 춘천 집을 모두 정리해서 집터를 샀지. 우리는 이 층 상가 건물을 지었어. 36살의 남편과 29살의 나는 젊은 나이 큰 재산을 갖게 되었어. 남편의 두 번의 해외 근무 덕분에 짧은 시간에 큰돈을 벌 수 있었지. 그 큰돈을 벌기 위해 남편은 남의 나라에 가서 많은 고생을 한 거야. 그때 많은 사람들이 남편처럼 피와 땀을 흘려가며 고생했고 그 결과 후손들은 경제적으로 윤택한 삶을 살고 있지.

그분들의 노고를 잊으면 안 돼. 그때 외국으로 돈벌이를 간 사람들의 모습이 지금 우리나라에 온 외국인 노동자의 모습이야. 그들이 한국의 70년대 파독 광부와 간호사들의 모습인 거지. 우리의 과거 모습인 그분들을 소홀히 대하지 말아야 해.

상가 건물 이 층은 살림집으로 꾸미고, 일 층은 상가 3개를 만들어서 세를 놓았어. 남편은 얼마 뒤 예비군 중대장으로 일을 하게 되면서 생활은 안정되었지만, 할머니와 시어머님을 다 함께 한집에서 모셔야 하는 고된 생활이 시작됐어. 몇 년 동안 임대를 하다가 일을 하고 싶었는데 마침 큰 가게를 비우게 되면서 다른 가게도 다 비워서 이번엔 정육점과 식당을 차렸어. 그때가 32살이었지. 일하는 아주머니 한 분과 둘이서 식당 일을 했어. 식당 메뉴는 간단했어. 삼겹살 전문이라 고기와 야채, 김치만 있으면 됐지. 장사는 잘되었어. 부근에 큰 공장이 있고 국립원호병원이 있어서 단체 회식이 많았지. 좀 하다 보니 식당이 비좁았어. 그래서 빈 땅에 건물을 붙여서 짓고 이 층 살림집 일부를 식당으로 확장했지. 장사가 잘되면서 재미있었어. 단체 회식은 파트별로 하고, 월급이 나오면 식대 계산을 해. 특히 병원 의사들 중 외과의사들이 매상을 많이 올려주었어. 수술 후에 회식을 하면 엄청난 양을 먹었거든. 과별로 외상을 하고 나서 월급이 나오면 과별로 갚는 거지. 어느 때는 명절이라 정육점만 열고 식당 쪽 문은 닫아놓았는데, 급한 일이 있어 출근을 했는지 의사 몇 명이 무조건

들어와 식당 쪽으로 가 자리를 잡는 거야. 난 당황해서 말했어.

"오늘은 영업 못해요."

"아, 알아요. 그냥 고기만 주세요. 야채랑 된장 뭐 그런 거 주방에서 찾아 먹을 게요."

하긴 평상시에도 우리가 바쁜 듯하면 자기들이 주방에 와서 다 집어갔어. 그때 그분들은 가족 같았지. 그 후 원호병원이 보훈병원으로 바뀌면서 등촌동으로 확장해서 이사를 가면서 우리 식당도 함께 등촌동으로 이사를 가자고 해서 한참 웃었지. 우리 집이 편했나 봐.

몇 년을 하다 보니 체력에 한계가 와서 온몸이 아픈데 어떻게 할 수가 없어서 인계할 사람도 없는 상태에서 가게 문을 닫고 정리를 했어. 다시 가게는 세를 주고 이 층은 더 넓히면서 살림집은 세를 얻어 몇 개월 살다가 동네에 연립을 한 채 샀지. 넓은 이 층은 다방으로 세를 주면서 몇 년 동안 고생은 했지만 수입이 괜찮아서 재미있었어.

나는 웬 일복이 그리 많은지 이 층 다방이 또 문제가 생겼어. 다방을 운영하던 주인 마담이 임대료도 밀리고 종업원 한 명을 남기고 사라졌어. 그 가게를 살려서 다시 세를 주어야 하는 일이 생긴 거야. 우선 소개소에 세를 얻을 사람을 부탁하고 나는 이젠 다방까지 운영하는 다방 마담이 된 거야. 그때 그 종업원의 이름은 잊었는데 성은 박 씨로 기억돼. 박 양이라 불렀어. 박 양을 데리고 한 일 개월 정도 운영했지. 일 개월이었지만 또 다른 경험이었어. '아! 이런 세상도 있구나'했지. 그때는 다방이 차만 마시는 곳이 아니라 남자들의 놀이터인 거 같았어. 종업원들에게도 이상한 행동이나 말을 해.

어느 날 나랑 나이가 비슷한 남자가 나한테 이상한 말을 했는데 그 남자는 내가 건물주라는 걸 알면서 그런 거야. 가만있을 내가 아니지 난 벌떡 일어서면서 "야 너 지금 뭐라고 했어"라고 큰 소리로 말하면서 앞에 놓였던 찻잔을 바닥에 던졌지. 그 남자는 겁이 났던지 뒤도 안 돌아보고 도망쳤어. 스트레스가 확 풀리더라. 그 일도 수십 년 전 일이지만 지금도 생생해. 한 달 동안의 다방 운영으로 또 다른 세상을 경험했고 내가 여러 가지 일을 하면서 한 명이었지만 종업원과 함께 일을 한 건 그 두 번의 업종으로 끝났어. 그 후 화장품 할인점과 만화 가게를 했어. 그 만화 가게는 20대에 한 번 했으니 동일 업종을 두 번 한 거야. 상가 건물이 우리 건물이었기에 여러 가지를 할 수 있었던 것 같아. 만화 가게는 내 마지막 직업이었어.

또 그 집에서는 동생과 시누이를 결혼시키는 큰일도 치렀어. 그때는 결혼 전에 하는 약혼식도 했는데 지금처럼 식당에서는 잘 안 했지. 사돈댁 식구가 오고 여러 사람이 모여 밥을 먹으려면 장소가 넓어야 하는데 거실이 작아서 길이가 긴 방을 다 비워 빈방으로 만들고 그 방에서 약혼식을 했어. 결혼식은 집에서 음식을 다 만들어서 갈비탕을 하는 식당으로 가져가서 식당 기본 음식을 사서 먹었어. 우리 부부는 부모의 아무 도움 없이 결혼을 했지만 남편은 40대, 나는 30대에 동생과 시누이의 혼주가 되었고, 난 친정이 없어서 늘 찾아갈 곳이 없는 외로움을 알기에 그들에게 언제나 찾아올 수 있는 친정이며 부족하지만 친정 부모 역할을 지금까지 하고 있지. 그들도 이제는 환갑이 넘어서 딸들의 친정엄마가 되었어. 세월이 그렇게 많이 흘렀네.

우리가 상가 건물을 처음 지은 그 동네는 서울과 경기도의 경계 지역으로 구로구에 속한 궁동이었는데 나중에 행정구역 변경 때 수궁동으로 바뀌었어. 처음 집을 지은 해는 1978년이었는데 그때 그 동네에는 주변에 농사짓는 땅이 많아서 우리 아이들에겐 들로 산으로 쏘다니던 추억이 많았지. 80년대가 되면서 농지가 조금씩 줄어들고 개발이 시작되면서 새로운 도로도 나고 동네가 변해가기 시작했어. 우리도 이층집을 지은 지 10년이 넘어서 집을 허물고 다시 집을 짓게 되었어. 처음 집을 지을 때는 집 앞이 바로 도로가 아니고 도로 옆으로 하천이 흘러서 전면에 하천이 있었는데 도로가 확장되면서 하천이 복개되고 왕복 2차선과 인도로 도로가 좋아졌어. 건축법이 조금씩 완화되면서 층수를 더 올릴 수 있었어. 지하를 파고 1층은 상가, 2층과 3층은 사무실, 4층은 살림집, 옥상에는 큰아들 방을 하나 만들어서 제법 건물이 커졌어. 지하에는 전 집을 허물기 전에 2층에 세 들었던 다방이 다시 들어오고 1층에 점포 3개, 2·3층은 사무실, 4층은 다시 우리가 이사를 오면서 연립주택은 세를 주었지. 두 번째 집을 지으면서 남편은 건축업을 시작했어. 땅을 사서 집을 지어 팔기도 하고 재건축을 하는 집 공사를 여러 채 했지. 공사 일은 시누이 남편도 함께 했어. 시누이는 결혼하고 다른 동네에 살고 있었는데 시누이 남편도 집안이 넉넉하지도 않고 직업도 그냥 그러다 보니 사우디로 돈을 벌러 간 지 얼마 안 되었지만 동네에 건축 바람도 부니 귀국을 하라고 했지. 옆 건물을 상가로 만드는데 그 가게 철물점을 하게 했고 우리가 건축을 하면서 건축 자재를 그 가게에서 쓰고, 시누이 남편도 남편을 도와 함께 집 짓는 공사를 했어. 나는 그 모든 공사 경리를 도왔는데 자연스럽게 나도 건축 공사에 관련된 여러 가지를 알게 되었지. 집을 짓는 일은 잘 짓는다고 해도 다 지어놓고 보면 늘 아쉬움이 남아. 또 이웃 간 민원도 많지. 모든 일이 쉬운 건 없지만 집을 짓는 일은 어려워. 세 번째 지어서 판 집은 텃세가 심한 지역이었는데 땅으로 들어가는 길로 차를 못 들어가게 해서 집 한 채 짓는 건축자재를 손수레로 다 옮겨서 지었지. 건축을 하면서 복덕방도 했어. 공인중개사 시험이 생기기 전에는 복덕방 신고로 영업을 했어. 그 후 남편은 시험을 봐서 공인중개사 자격증을 받아 2005년까지 직원을 두고 사무실을 운영했지. 부동산 바람이 많이 불 때 그 일을 해서 돈은 좀 벌었어. 여기저기 사 놓았던 아파트들이 짐 덩어리가 되어 손해도 많이 봤지만 그래도 두 아들 교육시키고 우리 부부 밥은 먹고 사니 복 받은 삶이지.

건축을 하다 보면 민원으로 애를 많이 먹고 손해도 많은데 그중 제일 골탕을 먹은 공사는 우리 집이었어. 4층 건물을 지으면서 대문을 내는 일부터 옆 연립주택과 분쟁이 생기면서 집을 다 지어놓고도 준공을 못 받아서, 준공필이 있어야 입주할 수 있는 업체는 입주가 미뤄지면서 많은 마음고생과 금전 손실이 있었어. 그때는 어려운 일을 돈으로 해결하는 경우가 많아서 그 해결에 팔백만 원이 들었는데 지금도 큰 돈이지만 그때는 더 큰 돈이었지. 그 민원의 주동자는 우리 집 앞 길 걸너에서 장사를 하면서 일수를 하던 사람으로 억척스러우면서도 소유에 대한 집착이 강했던지 옆 연립주택에는 살림집 여러 세대가 살고 있어 자기 혼자 그렇게 설칠 필요는 없었는데 우리 집에 공사하는 소리만 나도 쫓아와 만나고 싶지 않은 이웃이었지.

그런 관계인 그 사람과 3년 후에 또 일이 터졌어. 우리 동네에 도시가스가 들어오면서 집집마다 배관 공사를 하느라 포크레인으로 땅을 팠어. 우리 집에서 도시가스가 들어올 땅을 파는데 우리 담 밖이 자기네 땅이라면서 카메라를 들고 나와 사진을 찍고 공사를 못 하게 하는 거야. 내가 그 땅의 얼마는 우리 땅이며 일부러 조금 남기고 담을 쳤다고 하는데도 막무가내인 거야. 그 사람과 오래 떠들 필요도 없어서 공사를 중단시키고 측량을 해서 다시 연락하겠다고 했지. 정말 미운 이웃인데 그 사람과의 관계는 앞으로도 계속될 듯한 거야. 우리 부부는 복수해야겠다는 생각이 들면서 그 사람을 업무방해로 고소를 했어. 마침 그때 그 사람이 윗동네에 자기 건물을 짓고 있어서 '너도 한번 고생해봐라' 하는 생각에 밤에 건물을 자로 다 쟀지. 건축을 해 본 우리는 그 건물의 불법행위를 찾을 수 있었고 구청에 민원형식으로 넣어버렸지. 오래된 일이라 기억이 아물거려 정확한 내용은 잊었지만 두 건씩이나 일이 터지자 그 집은 난리가 난 거야. 며칠 뒤 우리 집 측량 결과도 우리 땅인 게 확인되니 해결해야 하는 그 집으로서는 머리가 아프게 된 거지. 공사도 중단되고 해결을 위해 우리를 만나야 하는데 혼자서 해결하기에는 어렵다고 생각했는지 자기가 세든 건물 주인이며 같은 교회를 다니는 정 장로님 부부를 앞세우고 찾아왔지. 피하는 것도 힘들고 만나 거절하는 것도 힘들었어. 미운 마음에 일은 벌였지만 남을 힘들게 하는 일은 나도 힘이 들었어. 한 건도 아니고 두 건씩이나 걸렸으니 우리를 계속 찾아올 거고, 더 있다가는 나도 머리가 아플 듯했어. 더욱이 정 장로님네 부인은 나보다 나이가 한참 많지만 동네에서 친목회를 같이 하는 친목회 형님이라 곤란하기도 했지. 그 사람도 같은 친목회 회원 관계인 걸 이용하기도 하는 거지.

어느 날은 우리가 약을 좀 올렸지.

"당신들이 3년 전 우리 집 지을 때 민원 넣어서 마음고생도 많았지만 돈이 팔백만 원이 들었어요."

"그럼 팔백만 원 드리면 될까요?"

얼마나 마음이 급했던지 그렇게 말하는 거야. 듣자하니 돈이 전부인 줄 아는 사람들이야. 나는 내 생각을 말했지. 우리 부부는 살면서 어떤 이유든 내 손을 떠난 돈에 대해서는 미련이 없고 다 지난 일이라고.

이 일이 오래가면 너무 피곤할 듯해서 하느님께 지혜를 청해야겠다는 생각이 들어서 사람들이 많이 없는 오후 시간에 성당에 가서 성체조배를 했어. 며칠 하는 중에 우리가 쓴 팔백만 원이 떠오르면서 '그래, 그 돈을 하느님께 드리면 되겠다'는 생각이 들었어. 집에 와서 그 사람과 통화를 했지. 내가 원하는 걸 다 해주면 합의해 줄 수 있는데 하겠느냐고 했더니 다 하겠다고 하기에, 나는 내일 오후에 함께 갈 데가 있으니 애들이 좋아하는 도시락 반찬 20명분을 준비해서 만나자고 했지.

나도 뭔가 준비를 해야겠기에 추석에 선물 받은 사과로 사과잼을 만들어서 이튿날 그 집 부부와 친목회 형님 네 명이 차를 타고 광명시로 가자고 했어. 그곳은 수도회 수사님들이 임대주택 두 곳을 얻어서 남자아이들을 키우는 곳이었어. 그때는 학교에서 급식이 없던 때라 수사님들이 애들 밥을 해 먹이고 도시락도 싸고 고생이 많으셨지. 도시락도 고3 애들은 2개씩 싸 가지고 다니던 때라 늘 도시락 반찬 준비가 힘이 드셨어. 가끔 내가 반찬을 해드리던 곳이라 그곳에 돈을 좀 쓰게 하려고 일부러 함께 갔던 거야. 우리가 도착했을 때는 저녁 때라 주방에 도시락 통을 씻어 엎어 놓은 게 많았지. 난 너스레를 떨었어.

"수사님, 이분들은 교회 권사님들인데 좋은 곳에 돈을 좀 쓰시겠다고 해서 함께 왔어요. 이걸로 애들 도시락 싸세요. 저는 잼을 조금 가지고 왔어요. 그리고 돈도 좀 드리고 싶다고 하시는데 어떻게 전달하면 될까요?"

수사님은 자기들은 받을 수 없으며 수도회에 전하라고 하시면서 전화번호를 알려주셔서 다음날 약속을 하고 가기로 했지. 그날은 친목회 형님이 따라가셨지만 다음부터는 안 가시겠다고 하셔서 다음 날은 부부와 나 셋이서 갔어. 돈을 얼마나 가져가면 되느냐고 묻길래 정확히 기억하지는 못하지만 몇십만 원을 준비하라고 했지. 팔백만 원을 하느님께 드리는 일은 그렇게 시작되었어.

다음날 양천구 쪽이었던 거 같은데 수도회에 가서 수사님께 똑같은 이야기를 했지.

"교회 집사님이신데 좋은 일에 돈을 좀 쓰시겠다고 해서 함께 왔어요."

수사님은 고맙다는 인사를 하시면서 수도회에서 어떤 일을 하시는지를 설명하셨지.

그리고 며칠 후에는 또 얼마를 준비해서 몇 시에 만나자고 했어. 어디를 간다고 미리 이야기도 안 하고 불러내는 데도 불만이 없었어. 그날은 집에 모아 두었던 헌옷을 차에 가득 실었어. 함께 실었지. 어디를 갔느냐 하면 수녀님들이 지적장애인들을 돌보며 함께 생활하시는 '엠마우스'라는 곳이었어. 내가 몇 년째 동네 헌옷을 모아 보내는 곳으로 합정동 부근이었을 거야. 20년 전이라 기억이 아물거리는데, 그곳은 수녀님들이 헌옷을 모아서 손질을 좀 해서 팔아서 운영비를 마련하고 계셨지. 쓸만한 옷은 건물 아래층에 매장을 만들어서 천 원, 이천 원씩에 판매하고, 못 입는 옷들은 성당 주변 신자분들이 단추나 지퍼 등을 다 떼어내서 공사장이나 비닐하우스 보온 덮개를 만드는 공장에 무게를 달아서 팔았지. 재활용품을 모아서 팔기도 했어.

그날 미리 연락을 드리고 갔는데 수녀님은 매장에서 옷을 팔고 계시면서 냉장고에 뭐가 있고 어디에 차가 있으니 끓여 먹으며 잠깐 기다리라고 하셔서 한참 기다렸지. 기다리는 동안 그 부부와 난 이런저런 이야기를 하면서 많이 가까워졌어. 그곳에서도 수녀님께 돈을 전달하면서 똑같은 이야기를 했지.

"이분은 교회 집사님인데 좋은 일을 하는 곳에 봉헌을 하시고 싶으시다고 해서 함께 왔습니다."

수녀님은 고맙다고 하시면서 받으셨어. 나도 조금 보태드렸지. 그 사람들은 억지로 돈을 쓰는 입장이라 나도 조금이지만 함께 해야 그 사람들 기분이 덜 언짢을 듯하기도 했고 나도 나눌 수 있어서 좋았지. 그렇게 한 차를 타고 다니다 보니 서먹한 관계가 친숙한 관계로 바뀌면서 집안 이야기, 교회 이야기 등 여러 이야기를 나누었어. 며칠 후에 전화를 했지.

"내일은 아침에 출발해서 오후에 집에 올 거예요. 애들 점심 챙겨놓고 9시까지 집 앞에서 만나요."

얼마를 준비하라고 했지. 그날은 꽃동네로 갔어. 그때 가평에 제2 꽃동네를 준비 중이었을 거야. 우리는 차 안에서 꽃동네 이야기도 많이 했지. 가는 날이 장날이라고 꽃동네에서 김장을 하는 거야. 양도 어마어마하고 봉사자들도 많고 잔칫집 같았어. 사무실에 가서 또 똑같은 이야기를 했지.

"이분들은 교회 집사님인데 좋은 일에 돈을 쓰고 싶다고 하셔서 함께 왔어요. 가평에 땅 사시면 되겠다. 그 돈이면 땅 ○○평 사겠다. 나도 사고 싶은데 돈이 적어서 집사님만큼은 못 사고 조금만 사야지. 부럽다."

그렇게 나는 너스레를 떨었어. 수녀님은 고맙다는 인사를 하시면서 먼 곳에서 왔으니 식사를 하고 가라고 하셨지. 점심을 먹고 돌아오는 차 안에서 또 많은 이야기를 나누었어. 형제님은 듣기만 하고 자매님하고만 주거니 받거니 했어. 남자들이 여자들 이야기에는 잘 안 끼기도 하지만 그 댁과 특별한 관계 중인데 무슨 말을 하겠어? 그때 묵묵히 운전을 하던 형제님이 불쑥 말했지.

"오늘에서야 꽃동네를 와 봤네. 텔레비전에 많이 나와서 한번 가 보고 싶었는데. 내가 여기 오려고 그날 그렇게 흥분했었나 봐."

그렇게 점점 더 가까워지면서 그분들도 하느님 뜻

으로 받아들이는 듯했어. 그래도 아직 돈을 더 써야 했는데 함께 갈 만한 데는 다 갔었어. 그래서 며칠 뒤에 얼마를 가지고 만나자고 해서 함께 우체국으로 갔어. 그리고 내가 건네준 계좌로 얼마씩 두 군데로 송금을 시켰지. 한 곳은 목포에 있는 고아원으로 내가 조금씩 후원하던 곳이고, 또 한 곳은 나환자들을 돌보는 곳이었어. 1984년부터 나환자 정착촌에서 수녀님들이 나환우들을 도와주기 위해 만든 단체에 일을 하고 있어서 그곳은 조금 많이 보내라고 했지. 그렇게 며칠을 함께 다니면서 쓴 돈이 오백만 원이 넘었어. 함께 집으로 돌아오는데 그 자매가 말했지.

"기분이 좀 나쁘네요. 며칠씩 끌고 다니고."

그럴 만도 했지. 가게를 하는 사람을 집을 비우게 했으니.

"네. 그럴 거예요. 하지만 기분 나쁘게만 생각하지 마세요. 우리가 이렇게 함께 다닌 건 그냥 다닌 게 아니에요. 기도한 거예요. 교회에서는 앉아서 말을 해야 기도라고 생각하지만 성당에서는 하느님이 기뻐하실 행동을 하는 것도 기도예요. 주일이나 평일 미사 봉헌을 위해 집에서 출발하는 시간부터 기도는 시작돼요. 우리는 함께 주님을 기쁘게 하는 일을 기도로 한 거예요. 주님이 많이 기뻐하셨을 거예요. 오늘 저녁에 두 분이 함께 저희 집에 오세요."

그날 저녁 나는 맥주 몇 병과 마른안주 몇 가지로 술상을 차려 대접하면서 내가 그 모든 일의 주관자였기에 마무리를 했지. 남편은 이 일을 처음 시작할 때

하고 싶은 대로 하라고 나에게 모든 권한을 줬었어. 나는 그 자리에서 합의서를 써주면서 한마디 했지.

"당신들이 팔백만 원 쓰겠다고 했는데 오늘까지 오백만 원 조금 넘었어요. 남은 돈은 당신 교회를 위해서 쓰세요. 영수증 보자고는 안 할 거고 양심껏 하세요. 내가 천주교 신자라 천주교에만 봉헌했으니 불만이 있을 수도 있으니 교회에도 봉헌해야 형평이 맞을듯해요."

그 일은 그날 저녁으로 막을 내렸지. 나도 가게를 하던 중이라 가게 문을 닫고 다니느라 손해도 있었고 바빴지. 두 건 중 한 건인 건축 민원은 중간에 해결해 주었어. 건축 일의 제동은 설계사무소, 공사업자, 입주예정자 등 여러 사람이 걸려 있기에 그 사람들까지 피해를 줄 수 없었어. 업무방해는 당사자만 해당되는 일이라서 그렇게 마지막으로 일을 처리한 거지. 그러다 보니 크리스마스가 가까워 오길래 영등포 바오로 서원에 가서 마더데레사 수녀님 책을 한 권 사고 카드 한 장을 사서 몇 자 적었어. '함께 해주셔서 고마웠다. 그리고 함께하는 동안 불쾌한 일이 있었다면 미안하다' 등의 내용을 써서 예쁘게 포장해서 선물했지. 그 후 그 집 부부와 우리 부부는 길에서 만나면 반가운 인사를 나누는 정다운 이웃이 되었어. 하느님은 그해 겨울 나에게 큰 심부름을 시키셨고 오랫동안 갈등이 있던 이웃 간의 화해를 선물로 주셨지. 아주 신나는 심부름이었어. 지금 생각해 보면 하느님은 그해 겨울이 춥고 배가 많이 고프셨나 봐.

　이 일은 우리 아이들도 모르고 동네에 사는 사람들
이나 친한 친구에게도 말하지 않았어. 내가 하느님의
뜻이라는 핑계를 대면서 좀 비겁한 방법으로 남의
주머니를 턴 것 같은 생각이 들어서 숨기고 싶었고,
그분들도 나도 남의 입에 오르내리는 건 싫어서 아
무에게도 말하지 않았지. 이제는 30년 전 일이니 이
야기해도 괜찮을 듯해.

남촌봉사

"가타리나, 가타리나."

누군가 우리 집으로 올라오는 계단에서 나를 불렀어.

문을 열고 보니 엘리사벳 자매님이 나를 찾아오신 거야. 성격이 급하신 분이라 아래층에서 올라오면서 내 이름을 부르신 거지. 뭔가 또 대단한 소식이 있으신 듯해. 늘 그러셨거든. 엘리사벳 자매님은 자리에 앉기가 무섭게 이야기를 하셨어.

"동정성모회 수녀님들이 익산 나환자촌에 가셔서 나환자들 애기 돌보는 유치원을 하시는데 애기들 간식비가 필요하대. 내가 장부책 적는 거는 잘 못하니까 그건 네가 하고, 내가 사람들 모아 볼게. 우선 너하고 나하고 둘이서 시작하자."

그렇게 익산에 있는 나환우 공동체를 돕는 일이 시작됐어. 우리는 그 나환우 공동체를 '남촌'이라고 했어. 단체 이름은 '나눔회'로 짓고, 봉사를 시작했지. 그때가 1984년, 내가 레지오에 입단하고 몇 달 지나서야. 그렇게 시작된 일에 많은 분들이 함께 해주셨어. 주로 신자들이 한 달에 일이천 원을 회비로 냈고 더 많이 내시는 분들도 있었는데, 신자가 아닌 분들도 있었어. 회비를 받아 전달할 때는 한 달에 한 번씩 서울에 있는 수녀원에서 후원회 미사를 해. 그때 익산에서 수녀님이 오셔서 남촌 소식을 전해주셨고 우리는 수녀님께 모아 둔 회비를 전해드렸지.

그렇게 시작된 후원회는 나처럼 중간 봉사자들이 많아지면서 피정, 성지순례, 나환자촌 방문 등 여러

일을 했지. 지금 같으면 그냥 개인적으로 계좌이체를 하겠지만 그때는 모집자가 회원 관리를 했어. 몇 년 정도 지나면서는 성당마다 대표가 생겼는데 나는 수궁동 성당 대표를 했고, 그 후 내가 파주로 이사를 하고 나서 일 년 정도 더 대표를 하다가 학사님 어머니 실비아 씨에게 대표를 넘겼어. 내가 1984년에 시작해서 2002년까지 18년 동안 남촌 봉사를 했으니 남촌 가족들과 인연이 깊지. 처음에는 나환우 자녀들을 후원했지만 세월이 20년 가까이 흐르면서 그분들의 손주들을 후원하게 됐지.

돌아보니 참 보람 있는 일에 초대되어서 30·40대를 보냈어. 그 18년을 보내면서 많은 일들이 있었지. 처음 시작했을 때는 좋은 일에 봉사를 하게 되어서 기뻤는데, 막상 수녀님이 남촌으로 우리를 초대하겠다고 했을 때 나환우를 대면해야 하는 게 적지 않게 부담스럽더라구. 그때 나 자신을 돌아보게 됐지.

'너 지금 하고있는 일이 진정한 봉사라고 생각하니?'

그 물음에 난 답을 할 수 없었고 내 모습이 너무 초라했어. 용기를 내어서 대절한 버스를 타고 남촌으로 갔어. 그곳은 음성 나환우들이 결혼을 해서 가정을 이루어 자녀들을 키우는 곳이었어. 그들도 평범한 가정을 이룬 사람들이었고 양계장과 양돈 일을 하면서 생계를 유지했지. 성하지 않은 몸으로 일을 하시니 늘 가난한 삶이었어.

수녀님들은 나환우 신자들이 겪는 모든 일의 '해결사'셨어. 특히 나환우 자녀로 태어났다는 이유만으로 가난하게 살고 교육도 제대로 받을 수 없는 아이들을 위해 유치원과 공부방을 운영하셨지. 그 아이들이 중학생, 고등학생이 되어 그 동네를 벗어나 학교를 다니게 되면 수녀님들이 학부모 역할도 하셨어. 수녀님들은 부모 대신 아이들 학교에 방문하기도 하시고 집안에 환자가 생기면 보호자로 병원에도 가셨어. 병원비가 없으면 물주가 되시고 관공서에 가야할 때는 동반자가 되시는 등등…. 나환우들의 손과 발이 되어 사시는 분들이셨지. 정결과 청빈과 순명을 서약하신 훌륭한 분들이야. 나는 그분들의 하시는 일에 조금이라도 도움을 드릴 수 있어서 늘 행복했어.

우리가 도착한 곳은 나환우들의 집단촌으로 마을의 규모도 커서 마을 안에는 수녀님들이 사는 교회 공소와 개신교회도 있었어. 마을을 한참 둘러보던 중 어떤 분이 뭉그러진 손으로 펌프질을 해서 빨래를 하고 있었는데 우리 일행이 지나가자 고개를 푹 숙이고 우리를 피하고 싶어 하셨어. 정상인들과는 다른 자기 모습을 보이고 싶지 않으셨던 거지. 우리는 그 나병이 유전인 줄 알았는데 그게 아닌 거야. 일종의 피부병으로, 우리나라가 식민지, 6·25를 겪으면서 열악한 생활환경과 영양결핍으로 생긴 병이었고 삶의 질이 나아지면서 발병률은 줄었지만 전염되기 때문에 조심만 하면 된다는 거야.

이렇게 매월 첫째 주 월요일에 동정성모회 수녀원에서 봉헌되는 '나눔회' 미사에 우리 회원들이 참석했고, 익산에서 아침 일찍 기차를 타고 오신 수녀님은 미사 후에 우리에게 그곳 소식을 자세히 알려주셨지. 어려운 일이 있으실 땐 기도 부탁도 하시고 또 다른 일도 부탁하시면 우리는 기쁜 마음으로 도와드렸어. 내가 누군가에게 도움을 줄 수 있는 건 참 행복했어.

한 번은 수녀님이 입을 수 있는 헌옷을 모아달라는 부탁을 하셨어. '엠마우스'에 보내려고 모아 두었던 옷과 오류동 성당에서 바자회를 하고 남은 옷을 모아 싣고 가려고 작은 트럭을 구했지. 운송비를 아끼려고 하루 봉사해 주실 분을 찾았더니 어떤 분이 도와주겠다고 해서 나도 그날 가게 문을 닫고 우리 집에서 가져갈 옷을 싣고 오류동 성당으로 갔지. 성당에 있던 옷을 다 싣고 출발하려 하는데 작은 수녀님이 조금 기다려 달라고 해서 '뭔가' 하고 잠시 있었더니 큰 수녀님과 뭐라고 주거니 받거니 하시다가 집으로 달려가 손가방을 들고 오셨어.

"나도 익산 갈 거예요."

수녀님이 그렇게 말씀하시는데 난감했어. 짐차에 편한 좌석은 운전석과 옆 좌석 두 개뿐이었어. 그 사이에 보조 좌석이 하나 자그만 게 끼어 있는데 잠시는 앉아서 갈 수 있지만 몇 시간을 앉아 있기는 힘이 들었거든. 수녀님을 그 자리에 앉으시라고 할 수 없고 내가 그 자리에 앉아서 가야 하는데 나는 그때 허리가 고장이 나서 누웠다 일어나려면 몸을 옆으로 돌려 손으로 땅바닥을 짚고 일어나는 형편이었지. 그렇다고 속사정을 말할 수도 없고 해서 할 수 없이 가운데 불편한 자리에 앉기는 했어. 안전띠도 없고 좌석은 좁고 조금 가다 보면 엉덩이가 의자 끝으로 밀려 내려와서 발끝으로 다시 엉덩이를 밀어 올렸지. 그 동작도 수녀님이 눈치챌까 봐 입으로는 이런저런 이야기를 하면서 몇 시간을 갔어. 한참을 가다가 수녀님께 왜 따라오셨느냐고 물었어.

"남촌에 ○○○수녀님하고 저하고 동기고 친한데 각자 소임이 틀려서 본 지도 오래 되고 보고 싶어서 원장 수녀님께 보내달라고 떼를 썼어요."

그렇게 해서 익산에 도착했더니 점심때였어. 수녀님이 점심을 맛있게 해 주셔서 얼른 먹고 짐도 내리고 서둘러서 출발했지. 저녁때가 되면 차도 밀리고 또 차량 봉사해 주신 분도 일이 있으셨거든. 그래도 올 때는 수녀님이 나중에 오시겠다고 해서 편하게 올라왔어. 바쁜 하루였지.

그날 저녁은 고단했는지 일찍 잠들었고 다음 날 아침부터는 전날 밀린 일을 하느라 분주하게 움직였지. 한참 이 일 저 일을 하다가 보니, 이상하기도 하지? 허리가 고장이 나서 아팠는데 아침에도 그냥 벌떡 일어났고 이리저리 허리를 구부려보고 했지만 멀쩡한 거야. 그 후에는 허리가 아프지 않았어. 불편한 자리에서 몇 시간을 견딘 게 오히려 치료가 되었던 걸까? 참 희한하게 치료가 되었어. 허리가 아픈 사람은 나처럼 불편한 좌석에 앉아 몇 시간 드라이브를 하면 허리가 치료될 수 있을 거야. 그때가 1990년이었을 거야. 그때 난 허리 치료를 했고 남촌 식구들은 헌 옷이지만 잘 입으셨지.

다음 해인 1991년 5월 6일, 수녀원에 '나눔회' 미사를 가야 하는데 회원들에게 한 달 동안 받은 회비가 너무 적었어. 그 금액만 수녀님께 전하기에는 내 손이 민망할듯해서 내 돈을 십만 원 보탤까 말까 망설이기만 하다가 용기가 부족해서 적기는 하지만 그냥 전해 드렸지. 사실 그럴 때가 좀 있어. 수녀님들은 돈 쓰실 데가 많은 걸 알기 때문이지. 그런데 그 다음 날 내 돈 십만 원은 다른 방법으로 내 손을 떠났어. 아주 나쁜 방법으로.

그때 나는 '화장품 할인점'을 했고 남편은 건물 끝쪽에서 부동산 사무실을 했는데, 부동산 사무실은 동네 남자분들이 많이 모여서 노는 장소이기도 했어. 그날도 놀러 오신 분들이 작은 술판을 벌이고 있어서 술안주를 챙기느라 화장품 가게를 비워두고 그쪽 가게에 가 있었어. 그러다 혹시 내 가게에 손님이 오나 하고 유리창 너머로 가게 쪽을 보는데 남자 아이 두 명이 가게에서 나오면서 막 뛰는 거야. 순간적으로 뭔가 이상하다는 생각에 가게로 뛰어갔지. 가게 안 한쪽에 있는 금고 문이 열려 있었고 만 원짜리 돈이 없어졌었어. 금고에는 만 원짜리 열 개랑 천 원짜리 몇 장이 있었는데 만 원짜리만 열 장이 없어진 거지. 다시 가게 밖으로 나와 길 쪽을 보니 아이들은 벌써 멀리 뛰고 있는데 한 녀석은 윗길로 또 한 녀석은 아랫길로 각자 흩어져서 뛰니 잡을 수도 없었어. 윗길 쪽으로 조금 뛰어가 봤으나 이내 골목으로 달아나서, 그냥 가게로 돌아와 곰곰이 생각했지.

'이게 무슨 일인가?'

어제 일과 연결 시켜 봤지. 결국 십만 원은 내 돈이 아닌데, 전날 내 손을 떠날 돈이었는데 그날 떠난 거였어. 전날 수녀님께 드렸다면 소중하게 쓰일 돈인데. 잃어버린 사람의 죄가 더 크다고 금고를 잠그지 않은 나의 불찰로 아이들이 남의 것을 가져가는 게 혹시 버릇이 되면 어쩌나 많은 반성을 했지. 그 일을 겪은 후에는 '너 거기에 얼마 써'라는 마음의 소리가 들리면 "예"라고 대답하려고 했어. 왜냐하면 그 마음의 소리는 크게 무리하지 않고 내가 감당할 수 있는 만큼만 요구했고, 그 사건은 내가 세상을 어떻게 살아가야 하는지 가르쳐 주었지.

2001년에 파주로 이사를 와서도 수궁동 성당 '나눔회' 대표를 하다가 2002년에 그만두면서 18년이나 인연을 맺은 곳의 일도 끝맺음을 해야 했어. 그냥 끝내기 아쉬워서 파주에서도 회원을 모아 볼까 했지만 내가 살고 있는 곳은 시골이라 주변에 사람도 없고 새로 이사 온 곳이라 성당에 아는 사람도 없었지. 궁리를 하다가 수녀님께 여쭈어보았어.

"어려운 가정의 아이들에게 후원을 하고 싶은데, 어떨까요?"

수녀님은 좋은 생각이라고 하시면서 초등생인 남학생 한 명, 여학생 한 명을 추천하셨어. 그중에 여학생은 내 대녀야. 몇 년 전 성탄 때 수녀님이 세례를 받는 학생이 있는데 대모를 서달라고 해서 남편과 둘이서 익산공소로 가서 대모를 서고 그 해 성탄 미사를 그곳에서 지내고 하룻밤 자고 왔지. 내가 딸이 없다고 어린 대녀를 두게 한 거야. 우선 두 명을 후원하다가 한 학생은 주변에 형편이 좋은 분이 있길래 후원을 권유해서 하게 되었고 나는 한 명만 2년 후원하다가 초등 6학년생인 다른 학생을 소개받아서 2004년부터 2011년까지 적은 후원을 했지. 나중에 후원한 아이가 공고라 졸업 후에 바로 취업했다는 소식을 들었어. 내가 자랑을 하는 거 같아 좀 민망하지만, 봉사하려고 마음만 먹는다면 늘 하던 방법이 아니더라도 자신이 있는 자리에서 할 수 있는 방법을 찾아서 무엇이든지 할 수 있다는 것을 알게 되었지. 포기하지 말고 찾으면 돼. 그렇게 2011년 11월로 27년의 남촌과의 인연은 끝났지. 계속했어야 하는데 집안에 복잡한 일이 있고 매월 서울까지 후원회 미사를 다니는 것도 좀 어려웠어.

2003년, 시골집은 세를 주고 가까운 동네에 새로 지은 아파트에서 살고 있을 때 남편은 그 동네에서 부동산 중개소를 했어. 그때 부동산 붐이 일면서 남편은 조금 큰 돈을 벌었지. 그런데 '그 돈을 조금이라도 나누어야 하지 않을까'라는 생각이 들더군. 혼자 다 가진다는 건 좀 미안했지. 그런 생각을 하던 중 '남촌'이 떠올랐어.

그곳 나환우 3세 아이들은 부모님, 형제 외에는 친척이 없어. 나병환자가 되면서 부모님은 가족 간의 모든 연이 끝나버려서 한 나라에 살고 있지만 소식을 주거니 받거니 하는 가족도 지인도 없는 거지. 아이들은 누구의 후손이라는 이유로 차별을 받아야 하고 주변에서는 그 동네를 혐오지역으로 봐. 그렇다고 그곳을 벗어날 수도 없고 갈 곳도 없어. 더구나 서울이라는 곳을 와 본 아이들이 별로 없지. 난 수녀님과 의논을 하면서 우리 신자 어린이들을 우리 집으로 초대하고 싶다고 했어.

남녀 어린이^{초등생} 12명, 수녀님 2분이 7월 29일부터 30일까지 1박 2일로 날을 잡고 오기로 했어. 남편은 25인승 차를 빌리고 나는 모두가 덮을 얇은 이불을 준비했어. 익산에서 서울까지는 고속버스를 이용했고 터미널에서 지하철 3호선을 타고 일산 대화역으로 왔어. 남편은 빌린 버스를 운전해서 통일동산으로 가서 그곳을 둘러보고 집으로 왔지. 저녁밥은 카레를 했어. 내가 집에 와서 저녁밥을 할 시간이 없을 듯해서 아래층에 사는 안젤라 씨에게 저녁을 부탁했는데 단출한 살림만 하던 안젤라 씨는 많은 양을 하느라 고생했다고 나중에 말했지.

다행히 방이 4개인 아파트라 아들 둘은 한 방으로 몰고 작은아들 방을 우리 부부가 쓰고, 안방과 또 다른 큰방을 남녀로 나누어 썼어. 수녀님들도 한 방에 한 분씩 쓰셨어. 이튿날 아침은 뭘 먹었는지는 기억이 안 나. 그날 과천 놀이동산에서 점심으로 먹을 김밥에 문제가 생겼어. 이웃의 마리아 형님이 준비를 해 주시기로 했는데 김밥집에 일이 생겼는지 주문해

둔 김밥을 찾아오지를 못했어. 요즘 같으면 해결하기가 쉬웠지만 그때만 해도 갑자기 생긴 일에 대응이 어려워서 재빨리 밥을 하고 집에 있던 묵은 김치랑 이것저것으로 도시락을 쌌지. 놀이공원에서는 아이들이 이용하는 놀이기구를 할인받을 수 있으니 그 돈은 수녀님이 내시겠다고 해서 수녀님이 부담하셨는데 세월이 지나면서 후회가 돼. 왜 그 돈을 수녀님이 쓰시게 했는지 아쉬움이 남아. 순간의 선택이 잘못되어서 오랫동안 후회를 해. 삶이 다 그런가봐. 놀이동산에서 오후까지 놀다가 고속버스 터미널에서 헤어졌지. 서울 도심을 가보지 못하고 파주와 과천만 보고 가서 좀 아쉽고 미안하긴 해. 시간이 부족했어. 그래도 아이들은 놀이공원에서는 이것저것을 타러 다니느라 정신이 없었고 버스 안에서도 눈이 창밖에 매달려서 온통 신기한 구경거리인듯했어. 자기가 살고 있는 동네를 벗어난 일이 별로 없으니 볼거리가 많았을 거야. 우리 집에서는 운동기구인 런닝머신도 신기해서 작은아들이 한 명씩 돌아가며 뛰어보게도 했지.

우리 부부는 평생 살아가면서 또 하나의 추억거리를 만든 거지. 손님 대접을 잘 하지는 못했지만 이 일을 시키신 주님께 감사를 드려. 그때 그 아이들도 이젠 청년이 되었고 그들의 삶 안에 우리 집을 다녀간 일과 우리 부부도 추억의 한 자리로 남았겠지. 어디에서 어떻게 살고 있는지는 모르지만 행복했으면 좋겠어. 또 매월 익산에서 아침 일찍 기차를 타고 후

원회원들을 위해 미사와 나환우들의 소식을 전하셨던 수녀님 모두 지금은 어디에 계시는지는 모르지만, 지금도 남촌 공소에는 후배 수녀님들이 어려운 분들을 위해 일을 하셔. 지금은 나환우분들이 거의 다 돌아가셔서 다문화 가정의 어려움을 도우시는 일을 하시고 계시지. 그분들이 계셔서 세상은 아름다운 것 같아. 이 모든 일에 도구로 불러주신 주님께 감사드리며, 평범하지 않은 인연으로 나는 더 넓은 세상을 경험한 거지.

화장품 가게를 하다

나는 정육점과 식당을 그만두고 좀 쉬다가 작은 빈 가게에 화장품 할인점과 액세서리를 파는 가게를 시작했어. 그 가게는 돈을 버는 곳이라기보다 성당 신자들의 친교를 위한 아지트가 됐어. 그곳에서 우린 많은 일을 했어. 여러 사람이 모여서 각자 역할을 분담하면 무슨 일이라도 할 수 있었지. 그곳은 가게를 드나드는 손님을 신자로 만드는 선교의 장이기도 했고, 상처 입어 하소연을 하러 오는 사람을 따뜻하게 맞이하는 곳이기도 했어. 사람 만나기를 좋아하는 나에게는 딱 어울리는 장소였지.

그곳을 찾았던 분들 중에 신자도 아니면서 일 년 가까이 매일 출근 도장을 찍은 분이 있었어. 그때는 겨울이면 연탄난로를 난방으로 쓸 때였는데 난로를 가운데 두고 나와 그분은 마주 앉아서 매일 이야기를 했지. 그분은 매일 똑같은 이야기를 하셨어. 초겨울부터 시작된 그분의 이야기는 난로를 치우고 그 다음 난로를 다시 놓을 때까지 계속되었지.

그분은 종로에서 작은 서점을 하셨는데 주변에 대형서점이 생기면서 점점 영업이 안 되어서 버티다 버티다 결국 서점 문을 닫았대. 그 와중에 자녀들은 아르바이트를 하면서 대학을 마쳤고 가족들은 집을 얻을 돈이 없어서 우리 동네에 허술한 점포 하나를 얻어 바닥에 마루를 깔고 온 식구가 그 공간에서 살았어. 바로 우리 건물 옆이었지. 내가 처음 만났을 때 그분은 허름한 옷차림에 머리는 엉클어지고 이빨이 많이 빠져서 할머니 같았어. 겨우 50대 중반이었는데 그렇게 늙어 보이는 거야. 그 모습으로 연탄재 한 장을 찍개로 찍어 버리러 다니면서 혼잣말로 중얼거리면서 우리 건물 앞을 오가는데 이웃 간의 접촉도 전혀 없어 동네 사람들은 수군거렸지. '이상한 사람'이라고. 우리가 흔히 쓰는 말로 '맛이 간 사람' 같았지.

그런 분이 어느 날 우리 가게를 들어오기 시작하더니 그렇게 오랫동안 왔어. 그리고 나한테 하소연을 하시는데 특히 불쌍한 딸 아이를 하늘로 보낸 사연을 얘기하셨지. 학비도 제대로 주지 못해 자기가 벌어서 대학을 졸업하고, 취직도 어려워서 친척 집 식당에 카운터 보는 일을 하며 고생고생했던 딸이 갑

자기 하늘나라로 갔다는 거야. 불쌍한 딸은 퇴근길에 오토바이가 덮쳐서 그 자리에서 즉사했대. 사고를 낸 오토바이 운전자는 무면허에 빈털터리라 딸 장례비도 자신들이 부담해야 했는데 돈이 없어 친척들이 장례를 치러주었데. 그분은 이런 비참한 상황을 받아들이지 못하셨어. 도대체 이 상황이 뭐냐며 나한테 절망스럽게 하소연하셨지. 그렇게 매일매일 나에게 똑같은 이야기를 반복하셨어. 나는 아무 말도 할 수 없었어. 나에게도 아들이 둘이나 있으니 그 슬픔이 어떤 건지 짐작이 갔지. '자식의 죽음은 가슴에 묻는다고' 가슴이 터질 거 같으니 혼자라도 떠들어야 하는 상황인 거야. 그래서 그렇게 혼자 중얼거리며 동네를 다녔던 거지. 미친 사람처럼. 그러다가 나한테 이야기를 시작한 거야. 우리 둘은 난로를 가운데 두고 이야기하는 사람, 들어 주는 사람으로 일 년 가까이 역할 분담을 했어.

　여름이 지나고 다시 난로를 놓을 즈음에는 나에게 자기 말을 들어 주어서 고맙다고 했지. 가슴에 쌓인 걸 많이 퍼내 버린 듯 행색도 조금씩 나아지셨어. 서점을 하셨던 분이라서 지적 수준도 대단하시고 인품도 좋으신 분이었는데 동네 사람들 눈에는 맛이 간 사람으로 보인 거지. 사람을 외적 모습으로 판단하면 많은 오해가 있을 수 있어. 세월이 흐르면서 어느 정도 마음을 추슬렀는지 조금씩 세상 돌아가는 이야기도 하셨어. 나는 그분을 통해 또 다른 세상 이야기도 많이 들었어. 그러던 어느 날 그분이 말씀하실 때 입에서 냄새가 많이 나는 거야. 심한 마음고생으로 이가 그냥 우르르 빠지고 치료할 여유도 없고 관리도 안 한 상태라 계속 심하게 냄새가 났을텐데 그때까지 나는 몰랐던 거야. 내 코는 희한해. 그 후 또 한 번 그런 경험이 있는데 시어머님이 치매로 대소변을 못 가려 그 대소변과 1년 가까이 전쟁을 했는데 그때도 심하게 냄새가 안 나서 잘 치울 수 있었어. 모두가 축복이었어. 그 후 그분의 다른 딸이 천주교 신자와 결혼을 하게 되어서 초대를 받았는데 신부 쪽이 신자가 아니고 또 하객도 적을 듯해서 주변 신자들에게 부탁해서 여러 명이 혼배미사에 다녀왔지. 오래전 일이야. 지금은 그분들이 어디에 사시는지는 모르지만 행복하게 잘 살고 계시리라 믿어.

또 한 분 기억나는 분이 계셔. 나보다도 나이가 열 살 정도 많지만 젊어 보이는 분이셨어. 부잣집 딸로 태어나 결혼 전에는 교사 생활을 하셨던 분으로, 인품도 좋으시고 큰 키에 인물도 좋으신 같은 성당 교우였어. 그런데 배우자를 잘못 만나셨지. 남편도 인물이 좋긴 했지만 늘 자매님이 친정에서 받은 유산이나 많은 패물 등을 뜯어내려고 했어. 자매님이 내어주지 않으면 아침이든 저녁이든 시도 때도 없이 불같이 화를 내서, 자매님은 집에서 나와 내 가게로 와 열을 식히셨지. 어느 때는 이른 아침에 뛰쳐나와서 우리 가게로 오셨다가 문도 안 열려 있어서 그냥 가시기도 하셨지. 그분은 부유한 환경에서 자란 데다착하기까지 하셔서 그런 남편과 끝없는 싸움만 되풀이할 뿐 그 생활을 정리할 엄두도 못 내셨어. 그런 환경 속에서도 두 딸들은 잘 커서 결혼도 했고 작은 딸은 내 대녀가 되었지. 그런데 결혼까지 시킨 아들은 아버지를 많이 닮아서 자매님은 그 부자로 인해 속이 많이 썩으셨는데 다행히 큰 따님이 미국으로 가는 바람에 함께 미국으로 가서 그곳에서 돌아가셨어. 우리 가게로 뛰어와 열을 식히신 날들이 수년이 되면서 그분의 하소연을 많이 듣게 되고 나도 많은 묵상을 하면서 자매님이 평생 남편과 씨름을 하면서 보내신 세월이 너무나 아쉬웠어. 일어를 잘하셔서 여행사 가이드를 하실 수 있는 기회도 있었는데 그 착한 성격 때문에 평생을 지지고 볶고 하시다가 돌아가신 거지.

내가 이분의 삶을 오래 기억하는 이유가 있어. 이분 덕분에 인간관계에서 사람은 쉽게 변하지 않는다는 '원판 불변의 법칙'을 알게 되었고, 내가 어떤 중대한 결정을 할 때 도움이 되었어. 이 분 외에도 많은 분들이 화장품 가게에 드나들면서 갖가지 사연도 많이 들었는데 각자에게는 모두 절실한 일들이라 많은 고민을 하고 또 자신에게 주어진 환경 안에서 결정을 해야 하는 자기의 일이라서 내가 무어라고 충고할 수는 없었어. 단지 '힘들겠어'라는 공감의 표현과 열심히 들어주는 게 전부였지. 그분들은 '내가 지금 너무 힘들어'라고 누군가에게 이야기하고 싶어서 나를 찾아온 거였어. 내가 그 사람의 입장이 아니라

'이렇게 해, 저렇게 해'라는 내 생각은 필요 없다고 생각했어. 바쁘게 드나들다가 좀 뜸해지면 일이 어느 정도 해결된 거였지. 화장품 가게는 세상에는 참 갖가지 일이 많다는 걸 더 많이 알게 해 준 장소였어.

  집을 새로 지으면서 화장품 가게를 가건물로 옮겼어. 가게가 꽤 커서 칸을 막아 앞에는 화장품 매장, 뒤쪽은 신자들 아지트로 만들었어. 거기에는 따뜻한 바닥도 있었어. 신자들의 놀이터였지. 그 놀이터는 '하느님을 기쁘게 해드리는 일이 뭘까?'를 고민하는 장소였어. 어떤 일거리가 있다고 정보를 가져오는 사람, 그 일을 함께하자고 바람을 잡는 사람, 경비를 모으는 사람 등 많은 사람들이 참여했는데 가장 중요한 건 두세 명만 뜻을 모으면 어떤 일도 할 수 있다는 점이었지. 그중에도 나에게 엄마 같았던 엘리사벳 자매님은 남촌 일을 함께하자고 하셨고 내가 뭘 한다고 하면 아낌없이 지원해 주셨지. 그분과 나를 딸같이 생각하셨는지 성당 일로 집안일이 밀릴 때는 다 도와주셨어. 한 번은 김장철에 일박 이일 레지오 교육을 다녀왔더니 김장을 절여서 씻어두고 무채 등 모든 양념을 준비하셔서 아들 차로 실어다 주신 덕분에 김장을 잘 할 수 있었지. 지금은 사시는 곳이 경기도 역곡인데 우리 동네에 사시다가 그곳으로 이사를 가셨지만 우리 아지트의 핵심인 분이셨어. 아들만 셋이고 딸이 없으셔서인지 어디 다니시다가 이쁜 옷이 있으면 사다 주셨지. 지금도 여름에 가끔 입는 삼배 원피스는 그분이 동대문 시장에서 천을 떠 오셔서 어떻게 해 입으라고 맞춤 집까지 데리고 가서 만든 옷이야. 그 원피스는 분홍색이고 위에 짧게 걸치는 볼레로도 핑크빛으로 색상도 아주 잘 골라오셨어. 30년이 다 된 옷이지만 지금도 여름에 가끔 입으면 사람들이 곱다고 해.

어느 날 또 엘리사벳 자매님은 '가타리나 가타리나'라고 하며 가게 문밖에서 부르시더니 어디선가에서 일거리를 맡아 오셨어.

"야, 영등포역 앞에 무료급식소에서 한 달에 한 번 노숙자들 밥반찬 해 가는 봉사가 있는데 네가 주관해. 반찬거리 살 돈은 우리가 시작만 하면 어떻게 되겠지."

그렇게 시작된 봉사에서 재료 준비는 나와 엘리사벳 자매님 담당으로 시작했으나 나중에는 여러분이 도와주셨어.

"내가 고기 살게요. 콩나물 살게요"라며 함께 하는 분들이 계셔서 어렵지는 않았어. 반찬은 주로 수산나 씨가 레지오 단원들과 함께 우리 집 4층 주방에서 만들었어. 나는 가게를 봐야 했기 때문에 반찬 만드는 일은 함께 못하고 양념 등 준비만 해주고 가게로 내려오면 자기들끼리 아주 맛있게 만들었어. 두부조림을 할 때는 마루에 신문을 깔고 부루스타를 몇 개 놓고는 여기저기서 두부를 부치면서 반찬 만들기 대회를 하듯이 '이 반찬은 이렇게 저렇게 하면 맛있다'는 등 서로 맛있게 반찬 만드는 정보를 교환하기도 하고 봉사의 기쁨 등을 나누기도 했지. 김치, 콩나물, 두부조림, 꽈리고추볶음 등 계절에 나오는 식재료를 쓴 반찬을 만들었어. 김치는 기본이고 반찬 두세 가지에 국거리 재료를 준비해서 다음 날 일찍 영등포역 앞 '토마스의 집'에 가지고 갔어. 그러면 여러 성당의 레지오 단원들이나 신자들은 준비해 간 국거리로 국을 끓이고 그곳 수사님들은 쌀을 준비해서 이른 점심을 해서 배식을 하면, 이른 점심을 잡수시고 끝나기 전에 또 잡수시는 분들도 있었어. 나는 그분들에게 잘 대접해야겠다는 생각에 국거리 재료로 소고기와 미역을 사다 드렸어. 내가 당번일 때는 늘 미역국이었지. 그곳은 반찬과 국거리 재료를 준비해 오는 팀, 일찍 와서 국과 밥을 하는 팀, 배식팀, 설거지팀으로 나뉘어서 매일 봉사를 하는 봉사자들로 운영되었지.

고맙게도 남편은 내가 하는 모든 일에 협조해 주었어. 준비된 반찬 등은 아침 일찍 남편이 차에 실어서 영등포역으로 가져다드렸어. 각자 맡은 일이 다 쉽지 않았지만 특히 더운 여름에 좁은 주방에서 밥이랑 국을 끓이는 일은 아주 힘들었지. 나도 몇 번 그 일을 했는데 땀이 비 오듯이 쏟아져서 눈이 따가웠어. 그렇지만 모두 기쁜 마음으로 하는 봉사라 분위기는 늘 잔칫집이었지. 나눔의 기쁨은 어떤 기쁨과도 비교가 안 돼. 그렇게 얼마를 하다가 '토마스의 집' 조직이 재편성되는 중이었는지 봉사가 중단되어서 다시 연락을 기다렸지만 연락이 없었어. 그래서 전화를 드렸더니 새 조직에서 우리가 빠진 거야. 아쉽지만 우리는 그 행복한 일을 더 할 수 없었어.

"가타리나야, 며칠 있으면 신정인데 가게에서 떡국 떡 좀 팔아라. 오늘 방앗간에 쌀 한 가마 맡겨. 내일 가게로 배달 갈 거야. 떡 팔아서 방앗간에 줄 돈만 줘. 그리고 나머지 돈은 어려운 분들 나누어 드리자."

엘리사벳 자매님과 우리는 동업을 시작했지. 그 쌀은 형제님이 평생 일하셨던 학교에서 정년퇴직을 하면서 받은 퇴직금으로 산 논에서 농사지은 쌀이었어. 쌀 한 가마를 그냥 봉헌을 하기보다 떡을 해서 팔면 돈이 더 많아지는 거지. 지혜롭고 총명하시고 배짱도 두둑하신 분이라 그런 생각을 하신 거지. 나는 쌀 한 가마니로 만든 떡을 팔아야 해서 여기저기 미리 전화를 해 판매담당자를 구했어. 주문을 받으라고. 그렇게 우리는 주문을 받아서 배달도 하고 모두 신이 난 거야. 쌀 한 가마니로 만든 떡을 다 팔아 어려운 분들과 나누었는데 너무 오래되어서 어떤 분들과 나누었는지 정확히 기억이 안 나. 희미한 기억으로는 결핵 환자분들이 계신 곳으로 누군가 갔었는데 누가 갔었는지 모르겠어. 나는 가게를 봐야 해서 어디를 찾아가는 일은 다른 사람들이 다 했지. 모두가 역할 분담을 한 거지. 반찬을 만들어 갈 곳이 있다고 하면 반찬을 만들었고, 만두를 만들어 갈 곳이 있으면 만두소를 만들었어. 음식을 만드는 사람도 전달하러 가는 사람도 모두 자기가 할 수 있는 일에 몸을 아끼지 않고 도왔어. 그 외에도 여러 가지 일을 했지만 특히 신자분들 집에 어려운 일이 생기면 모여서 기도를 했는데 그 댁에 가서 기도할 수 없는 형편일 때는 우리 가게에 모두 모여서 기도를 했던 것이 기억나. 환자분들에 대한 기도가 가장 많았어. 그러다 보니 우리 가게는 '기도하는 집'이 되기도 했어. 그럴 때는 내가 속으로 '이번 이 기도는 장소가 우리 집이니 기도의 약발이 내게도 좀 오겠지'하며 반가워했지. 한마디로 집 빌려주는 세를 받겠다는 한심한 생각이었어.

그러다가 진짜 우리 집을 위한 기도를 하게 되었지. 매일 모이다 보니 집안일들을 서로 이야기했는데 1992년에 큰아들이 군대를 가게 되어서 "우리 아들 8월 초에 군대 가"라고 했더니 몇몇이 한 목소리로 "그럼 기도해야지"라고 했어. 그렇게 여러 명이 모여서 군대에 잘 다녀오라고 기도를 시작했는데 그 기도에 뭔가 빠지는 듯한 생각이 들어서 곰곰이 생각하던 중 아주 멋진 아이디어가 떠올랐어. 여러 가지를 얻을 수 있는 일을 했지.

"엄마가 가게를 하느라 너희들하고 어디 가 보지도 못했는데 군대 가기 전 '독립 기념관'에 하루 다녀왔으면 좋겠다. 아들이 운전면허 받은 지 얼마 안 되었으니 국도에서 운전 연수도 하면서 가자."

그랬더니 큰아들이 그렇게 하겠다고 하는 거야. 속으로는 엄청 좋았겠지. 큰아들은 그 얼마 전 면허를 받아 남편 차를 끌고 신촌에 갔다가 작은 사고를 낸 상태라 아버지에게 차 열쇠를 달라고 할 수는 없고 차 운전은 하고 싶을 텐데 얼씨구 싶었겠지. 점심에 먹을 김밥을 싸서 방학 중인 작은아들과 함께 나섰지. 네 식구가 함께 어디를 가는 건 커서는 처음이었어. 한참을 가다가 남편에게 말했지.

"독립기념관 가기 전에 음성 꽃동네를 들렸으면 좋겠어요. 남국이 군대 간다고 모두들 기도해주는데 말로만 하는 기도도 중요하지만 봉헌도 해야겠어요."

그렇게 '꽃동네'로 가서 사무실에서 봉헌 봉투를 전했더니 수녀님이 말씀하셨어.

"오신 김에 우리 꽃동네 둘러보고 가세요. 제가 안내해 드리겠습니다."

그렇게 수녀님은 우리 차에 타서 꽃동네를 안내해주셨는데 첫 번째 간 곳은 양로원이었어. 규모도 크고 어르신 분들도 많은 곳이었지. 그중에 내 눈을 사로잡은 건 복도를 오가는 청년들이었어. 방학 중이라 학생들이 봉사를 온 거야. 뉘 집 자식들인지는 모르지만 방학 중에 놀러 다닐 만도 한데 더운 여름에 양로원에 와서 땀 흘리는 그 청년들이 내 눈에는 천사로 보였지. 순간적으로 '우리 아들도 봉사를 좀 하고 군대를 갔으면 좋겠다'는 생각에 부러웠어. 다음은 약간 언덕진 곳에 있는 장애인 시설에 갔는데 큰아들은 차에서 내리질 않고 우리 보고 다녀오라는 거야. 마음이 약한 아들은 그분들을 대면하는 게 힘이 들었나 봐. 할 수 없이 작은아들과 남편과 나 셋이서 수녀님을 따라갔지. 장애로 불편한 분들의 모습은 가슴이 아파서 뭐라고 말할 수 없어. 다시 차를 타고 언덕을 내려와야 사무실로 갈 수 있는데 차 안에서 큰아들이 물었어.

"수녀님 저 여기서 며칠 봉사할 수 있나요?"

우리 집에도 천사가 한 명 나왔어. 그 기쁨은 뭐라 할 수 없었지. 그러자 수녀님이 말씀하셨어.

"작은 아드님도 형이랑 같이 있다가 가면 안 될까?"

큰아들이 말했지.

"동생이 지금 고3이라 공부해야 돼요. 그런데 준비를 안 해왔는데 어떻게 하나요?"

수녀님은 이곳에는 학생 같은 사람들이 많이 드나들어서 세면도구 등이 많이 있다고 하셨어. 아무 소리 않고 있던 작은아들이 말했지.

"형 나 티셔츠 두 개 겹쳐 입은 거 하나 벗어 줄게."

수녀님께 '독립기념관'을 갔다가 다시 오겠다고 말씀드리고 약속대로 큰아들에게 운전 연수 겸 운전을 시켜서 독립기념관을 갔어. 그런데 가는 날이 장날이라고 그날이 휴관이라 잔디밭에서 김밥만 먹고 다시 꽃동네로 와서 큰아들을 내려주고 왔지. 큰아들은 봉사 후 7월 27일에 집에 돌아와서 3박 4일을 보낸 뒤 8월 4일에 군 입대를 했어.

내가 그 일을 하게 된 이유가 있지. 아이들이 군대를 가면 많은 어려움을 겪게 되는데 그 고통이 자기들로서는 처음으로 겪는 최고의 고통이겠지. 지금까지는 부모의 보호 속에 살다가 독립을 하는 첫 관문인데 그 생활은 그들이 지금까지 살아온 삶에서는 이해가 불가능한 환경이라 생각해. 그래서 탈영도 하고 여러 가지 불미스러운 일이 생기는 거 같아. 나는 아들에게 세상 구경을 시켜야겠다는 생각으로 꾸민 일이었는데 아들은 며칠 봉사까지 하는 보너스까지 나에게 주어서 참 고마웠어. 내가 꽃동네에 데려가려고 온갖 머리를 쓴 건 아들은 몰랐지. 부모가 되어서 아이들을 키운다는 건 많은 지혜가 필요해. 그곳에서의 봉사는 군 생활을 하는 데도 많은 도움이 되었을 거고 평생을 살아가면서도 귀한 추억이 되었을 거야. 나에게 좋은 아이디어를 주신 주님께 감사를 드려.

우리 가게에는 여러 사람이 모이다 보니 아주 좋은 의견을 내는 사람들이 있었지. 우리는 새로 짓는 성당에 십사처예수님이 사형선고를 받으셔서 돌아가시기까지를 성당 벽에 14처로 나누어 조형물을 만들어서 붙임를 봉헌하는 계를 만들었어. 열 명 정도였던거 같아. 1995년도에 시작했어. 그때 우리 성당은 오류동 성당에서 분가해, 성당 터는 사 놓았지만 건축을 할 여력이 없었어. 상가건물 지하에 세 들어서 임시 성전으로 쓰고 있었지. 언젠가는 성전을 지을 생각으로 우리는 돈을 모으려고 친목회 회비를 내는 날은 집집마다 돌아가면서 국수를 삶아 먹었어. 그렇게 모은 돈으로 1998년 봄에 새 성당 십사처를 봉헌했지. 성당 지을 때 이야기는 할 게 많아. 폐품 수집으로 우유 팩을 구역별로 모아 씻고 이음 부분을 다 펼쳐서 가져가면 성당에서는 다 모아서 팔았어. 모두 힘이 들기는 했지만 재미있고 보람된 일이 많았어. 성당을 새로 짓는 곳의 신자들은 축복이라고 생각해.

화장품 가게는 선교의 장이기도 했지. 들락거리는 사람들을 통해 동네 정보를 잘 알 수 있어서 집안에 어려운 일이 생긴 분들에게는 신자가 아니라도 기도를 해 드렸고 아프신 분들에게도 기도를 해 드리면서 위로를 해 드렸어. 임종이 가까운 분들이 신앙을 받아들이실 때는 '대세성당을 안 다니신 분이 임종을 앞두고 신앙을 받아들이는 예식'를 드려서 신자와 똑같이 장례를 치를 수 있도록 했지. 성당을 지을 때 영안실을 만들어서 그 영안실을 이용할 수도 있어서 상가에 많은 도움을 주었어. 그 동네는 원주민들이 많았던 동네라 한 집에서 대세를 받고 돌아가시면 장례를 치루는 전 과정을 지켜보던 분들 중에 감동을 받아서 성당에 입교하는 분들도 많았어. 한 집에 한 명이 세례를 받게 되면 그 영향으로 온 가족이 영세를 받게 돼. 어려움에 처한 분들에게는 작은 위로가 큰 힘이 되지. 지금은 수궁동 성당에 영안실이 없어졌어. 성당을 증축하면서 영안실을 못 만들었어. 아마 주변의 반대 때문이었을 거야.

우리들이 모여서 하는 일이 좋아 보였는지 성당을 가겠다는 사람들도 있었어. 한 번은 한꺼번에 4명을 입교시켜서 다 세례를 받았어. 그중 2명은 내 대녀가 되었지. 그렇게 해서 정확히 셀 수는 없지만 몇십 명은 성당으로 안내할 수 있었어. 그 아지트는 얼마 후에 도로로 수용되면서 허물고 본건물로 옮겼지만 매장만 있고 우리들의 놀이터는 없어졌어. 그래도 우리는 좁은 가게에 늘 모였지. 그 후 나는 가게를 다른 사람에게 인계하고 성당 일에만 전념했어. 화장품 가게는 보람되고 재미있는 일이 많았던 장소였어. 그곳은 사람의 외적 아름다움을 만드는 화장품도 있었지만 내적 아름다움을 만드는 향내가 가득한 곳이었고, 내가 40대를 보낸 곳이었지. 그때 함께했던 자매들은 지금도 그때가 행복했다고 해.

집을 팔다

화장품 가게를 그만두면서 돈 버는 일은 끝인 줄 알았는데 또 돈을 벌어야 할 일이 생겼어. 1996년 2월에 큰아들을 캐나다로 유학을 보냈는데 다음 해에 IMF가 터지면서 임대료를 받아서 생활하던 우리에겐 임대 문제도 생기고, 남편이 부동산 일을 하면서 투자해 놓은 부동산도 모두 묶이면서 빚을 지게 되었지. 또 뭔가 일을 해야 할 상황이었어. 생각 끝에 임대 만기가 된 2층 사무실 자리에 그때 한참 유행하던 업종인 만화 가게를 시작했어. 많은 업종의 가게를 했는데 만화 가게는 두 번 한 거지. 수입은 그럭저럭 좀 되었지만 빚을 내어서 이자를 내야 하는 상황이 되어갔어. 그렇다고 유학을 보내 1년 어학 연수를 하고 막 학교에 입학한 아들을 불러들일 수도 없고 몇 년을 더 버텼더니 빚이 1억 가까이 되면서 어떤 결정을 해야 했지. 그때 정리할 수 있는 부동산은 살고 있는 건물과 길이 나면서 보상받은 돈으로 사둔 파주 땅이었어. 어떤 걸 정리하는 게 후회가 없을까, 양손에 땅과 건물을 올려놓고 오랜 저울질 끝에 살고 있는 집을 팔기로 했지. 당시 집은 상가건물이라 임대료가 매월 300만 원 이상이 나오기는 했지만 대지면적이 적었고, 파주 땅을 팔면 빚은 갚겠지만 파주가 앞으로 전망이 괜찮고 대지면적이 500평 가까이 되니 그곳에 창고를 3동 지어서 임대를 하기로 한 거지. 살고 있는 건물 임대료보다는 적지만 넓은 땅을 포기할 수가 없었어. 2000년에 팔기로 결정했으나 누가 사겠다고 하면 가슴이 벌렁거리면서 두려워지는 거야. 하긴 큰아들 초등학교 들어갈 때부터 살았고 그 집에서 인생의 황금기인 30대와 40대를 보낸 22년을 산 집이고 매월 임대료가 꼬박꼬박 나오는 집이니 포기가 쉽지 않았지. 난 남편에게 말했어.

"이 집을 팔면 내가 병이 날 듯하니 좀 더 생각해봅시다."

그렇게 미루면서 기도를 시작했지. '주님 제가 어떻게 해야 하나요? 이럴 수도 저럴 수도 없습니다.' 그렇게 기도는 했지만 한 번 놓친 매수자를 바로 구하기는 어려웠어. 주택이 아닌 작은 빌딩이다 보니 팔기가 쉽지는 않았어. 2001년 봄이 되면서 부동산 바람이 살짝 불었지. 그러면서 성서 안에 있는 창세기

12장 1절 '네 고향과 친족과 아버지의 집을 떠나, 내가 너에게 보여 줄 땅으로 가거라'라는 말씀이 계속 마음에 남는 거야. 아브라함은 준비도 안 된 곳으로 가라는 말씀에 순종했는데 나는 5년 전에 준비해 둔 땅인데 '그래 뭐가 두렵니'하며 마음을 다잡고 팔기로 했지. 그런데 부동산 가격이 전년보다 올라 1년 늦게 파는 바람에 5천만 원을 더 받았어. 더 중요한 건 남편이 계약을 하러 부동산에 갔는데도 마음이 아주 편하고 아무 일도 없는 듯했다는 거야. 남편은 그때 환갑을 한 해 앞둔 나이였고 우리는 엄청난 변화가 기다리는 곳으로 이사를 하게 된 거지. 지금 돌아보면 아주 큰 기회를 잡은 거야.

파주로 이사하다

　파주 땅은 평수가 커서 우리가 가진 돈으로는 다 살 수가 없어서 부담이 되어 부동산에서 함께 살 사람을 구해서 오백 평 정도씩 나누었어. 그 땅은 작은 도로를 끼고 있고 그 도로로 모든 차들이 다녀서 투자 가치가 있었지.

　그 땅은 1995년에 구입했는데 수년 동안 잔금을 치를 수가 없었어. 그 땅에는 묘지가 6기 정도 있는데 땅을 판 사람과 묘지 후손은 한 집안인데 땅을 팔면서 서로 서운한 일이 있었는지 이장을 안 해 가서 어떻게 할 수가 없었어. 결국 법적 절차를 거쳐서 해결되었지. 그 땅은 심학산 줄기의 끝자락이라서 큰 나무들도 있었고, 얕은 언덕에 있는 땅이라서 건설장

비로 땅을 평지로 만들어야 했어. 거기다가 축대도 쌓는 등 제법 일이 많았어. 2000년에 서울집을 팔 계획을 했기 때문에 토목공사는 미리 해서 2001년에 집을 짓고 이사를 할 수 있었어. 처음에는 60평짜리 창고 3개를 지으려고 했는데 준비하는 중에 누군가가 이 자리는 전망이 너무 좋아서 창고를 짓기에는 아깝다며 아쉬워했지. 공사 진행을 보려고 왔다가 그 소리를 듣고 보니 정말 집을 지으면 좋겠다는 생각에 임대료는 줄더라도 전망 좋은 집을 선택했지. 참 잘한 선택이었어.

집은 공사비는 적게 들이는 패널 집을 지었지. 건축을 해 보니 땅값이 비싼 곳과 싼 곳의 건축비는 구분을 해야겠기에 땅 값이 싼 시골에 굳이 고급 집이 필요 없다는 생각에 패널 집을 선택한 거지. 어느

때 헐어도 부담이 안 되는 집으로 말이야. 그렇게 지은 집인데도 20년 가까이 살았어. 또 장롱은 그때 한참 유행하던 붙박이로 했는데 나에게는 처음 장만한 장롱이었지. 결혼 때는 해 주는 사람도 없었고, 필요성을 못 느껴서 쓸만한 헌것이 있으면 주워다가 썼어. 30년 동안 헌 장롱을 두 번 주워다 썼지. 이번에 처음으로 장롱을 장만하면서도 비싼 것에 대한 욕심이 없어서 저렴한 걸 구입했더니 18년 만에 다 망가져서 또 버렸어.

집을 지으면서 신경을 제일 많이 쓴 건 어머님 방이었어. 어머니는 그때 이미 90세가 넘으셨고 약간의 치매 증상까지 있으셨기에 대소변을 못 가릴 때를 대비해서 방안에 화장실을 만들면서 문을 달지 않고 미닫이 가리개를 만들었어. 지금은 가족이 치매에 걸리거나 거동이 불편하면 요양원에 가시면 되지만 그때는 그런 제도도 없던 때라 나 혼자 감당해야 했으니 편리한 방 구조를 만들었지.

우리는 6월에 이사를 했고 남편은 가까운 가좌동에 공인중개사 사무실을 열었어. 그리고 이사한 지 얼마 안 되어서 염려했던 일이 터졌어. 어느 날 어머님이 밥상 앞에서 소리쳤지.

"어떤 년이 내 밥을 다 퍼 먹었네!"

그렇게 시작된 어머니의 치매는 날이 갈수록 더 심해지는 거야. 대소변을 못 가리시고 일어서지도 못하시면서 엉덩이에 한 보따리를 달고 온 방을 밀고 다니셨지. 어떻게 할 수가 없어서 하루는 저녁에 기저귀를 채워드렸는데 아침에 방문을 열어보니 온 방 안에 눈이 온 거야. 밤인지 낮인지를 구분도 못 하고 아무 때나 주무시다 보니 밤새 잠도 안 오고 소변 본 기저귀가 불편하셨는지 그 기저귀를 손으로 다 뜯어서 온 방에 널려 놓으신 거야. 그 다음 부터는 기저귀를 채워드릴 수가 없었어. 그리고 방문도 열어 놓을 수가 없었지. 변을 보시고는 여기저기 다 밀고 다니셔서 어쩔 수가 없었어. 침구도 이불만 드려야 해. 변을 언제 보실지 모르니 지키고 있을 수도 없고, 확인이 늦어지면 온 방이 변이야. 치우는 것도 힘이 들어. 우선 발 들여 놓을 곳이 없어서 문밖에 신문지를 깔고 휴지로 닦아가면서 길을 만들고, 어머니를 방 안에 있는 화장실 변기에 앉혀 드리고 샤워기로 목욕을 해 드렸지. 방바닥과 벽은 락스 물로 다 닦아냈어. 어떤 때는 하루에 3번씩 샤워를 해 드렸어. 그런데도 내 코가 고장이 났는지 심한 냄새를 못 느꼈지. 남편은 옆에서 구경만 하면서도 힘들어 했으니. 난 그 일을 잘 할 수 있는 축복을 받았었나 봐. 그리고 그 일이 힘들었었다는 기억이 별로 없어. 가끔 그때를 돌아보며 '내가 어떻게 그런 일도 했었던가?'하며 신기할 뿐이야.

늦가을이 되면서 돈을 좀 들여서 조경공사를 했어. 집은 별 볼 일이 없지만 앞마당이랑 넓은 들판은 계절이 바뀌면서 변하는 거야. 거실 넓은 유리문은 큰 액자가 되어서 가을에는 황금 들판이, 겨울에는 흰 눈으로 덮인 하얀 들판과 눈꽃이 핀 나뭇가지가 그

려져 있었어. 봄에는 초록빛의 들판을 보니 늘 자연 속에 앉아 있는 기분이었지.

그 해 연말 12월 28일에 캐나다에서 6년 유학을 마친 큰아들이 돌아와 오랜만에 다섯 식구가 다 모였지. 아들은 바로 취직이 되어서 다행이었어.

겨울을 지내고 다음 해 봄 바람이 많이 불던 4월 초부터 어머님은 식사를 잘 안 하시고 일어나지를 못하셨어. 그렇게 며칠이 지나면서 숨소리가 문밖까지 들리는데 숨을 쉬는 게 힘들기 시작하신 거야. 임종이 가까워지신 거지. 나는 집에서 어머니의 임종을 지킬 수 있었는데 그게 자연스럽게 여겨졌던 건 레지오 활동을 해 온 덕분이었어. 그때만 해도 많은 사람들이 집에서 돌아가셨는데 레지오 단원들이 임종을 앞둔 분들을 찾아가 기도를 해 드리는 일이 많았지. 내게도 그 경험이 있었기에 어머니를 위해 편히 선종하시도록 기도를 해 드리고 장례 치를 준비를 담담히 할 수 있었지. 집도 넓은데 굳이 장례식장에 갈 필요도 없고. 집에서 장례 치를 준비를 시작했어. 먼저 어머님을 안방으로 모셨지.

다음날은 점점 힘이 없으신지 숨소리가 잦아드시는 거야. 성당에 연락을 했더니 '연령회' 회원분들이 오셔서 임종 기도와 함께 장례 준비를 의논했지. 우리가 의논하는 그 시간에 어머님은 편안히 운명하셨고 연령회 회장님은 어머니의 손과 발을 편히 펴 드렸지. 그렇게 어머님은 94세로 이 세상 소풍을 마치셨는데 아쉽게도 나에게 고마웠다는 말씀을 평생 한

마디도 안 하시고 가셨어. 기껏 인심 쓴 말씀은 치매 중에 슬쩍 하신 말씀이었어.

"우리 집은 며느리가 들어와서 부자 됐어. 아파트 가 3개야."

그 말씀이 전부야. 아파트에 살아 본 적도 없고 아 파트도 없는데. 하긴 치매 중에 하신 말씀이라 별 의 미는 없지만 그래도 그 말씀이라도 하신 게 다행인 듯해. 평생 내일이 없는 삶을 사시고 하고 싶은 말과 행동을 다 하고 사셔서 스트레스가 없으셨던지 건강 하게 오래 사셨지. 5남매를 낳았지만 3남매는 본인 이 키우지도 않았고 남편에게는 여동생을 두어 짐을 지우고 모두에게 고생을 시켰지.

큰아들에게는 연락이 갔는지 안 갔는지는 모르지만 큰아들은 안 오고 남편과 시누이 셋은 임종을 지켰 어. 내가 서울에서 이사 온 지 10개월밖에 안 되었 지만 일산에 있는 탄현 성당 사목회 '선교 분과장'직 을 맡고 있어서 신부님은 사목회 회원 모두를 모아 저녁에 '연도^{연령을 위한 기도}'를 해 주셨어. 많은 분들이 기도를 하러 와 주셨어. 탄현동에서 우리 집으로 오 는 버스는 구 일산에서 한 시간에 한 대여서 불편하 셨을 텐데도 말이야. 또 서울 수궁동 성당에서도 많 은 분들이 기도해주러 오셨지. 파주로 이사 오기 전 까지 서울 수궁동 성당 사목회 '선교 분과장'을 7년 넘게 했고 이사한 지 일 년도 안 되었으니 정이 많 이 든 분들이라 먼 거리를 마다하지 않고 기도하러 오셨어. 모두 고마운 분들이야.

탄현 성당 신부님은 성당 천막을 관리장님 차에 실려 보내시면서 마당에 쳐 주고 오라는 부탁까지 하셔서 천막 2개를 쳤지. 그런데 문상 오신 분들 음식 대접을 해야 하는데 주방 일을 할 사람이 없는 거야. 서울 같으면 신자분들의 도움을 받을 수 있었겠지만 할 수 없이 인력에 연락해서 일해 주실 아주머니들을 불러 음식을 잘 장만할 수 있었어. 집에서 만든 음식이라 맛이 있었는지 육개장을 두 그릇이나 잡수셨다는 분도 있었고 90세가 넘게 사신 분 장례는 호상이라며 잔칫집 분위기였어. 집에서 치른 장례였지만 많은 분들의 도움이 있었기에 잘 치를 수 있었어.

나는 어머님과 30년 가까이 함께 살면서 신세 한탄도 많이 했지.

'내가 왜 어머님의 재혼으로 생긴 능력 없는 의붓 시아버지에 시누이까지 다 책임져야 해.'

그때는 남편이 재혼한 어머님의 생활까지 책임을 지는 것이 이해가 안 되었어. 더 이해가 안 되는 건 어머니였지. 보통 사람이라면 아들과 며느리에게 미안해야 하는데도 늘 당당하게 큰소리치시는 분이셨으니까. 어떤 방법으로도 이해가 안 되어서 많이 힘들었지. 오랜 생각 끝에 내 나름대로 얻은 결론은 성장기에 환경이 준 영향으로 인성이 형성되었기에 본인은 자신이 살아가는 방법이 최선이라고 생각하고 살고 있으니 어쩔 수가 없겠다는 것이었어. 그렇게 생각하니 어머님이 불쌍해지는 거야. 좋은 환경에서 성장하지 못해 자식에게 존경받지 못한 어머님 또한 피해자란 생각을 하기까지는 많은 시간이 걸렸지만, 그렇게 생각하자 마음은 편해지면서 나와 생각이 다른 다양한 사람들을 받아들이는 삶이 수월해졌고 힘은 들었지만 어머님 장례까지 내 손으로 다 치루고 나니 후련했지. 난 마음속으로 '그래 어머님께 잘해 드리지는 못 했지만 모두를 다 받아들이고 마무리까지 잘했어. 만약 이 짐을 끝까지 안 졌다면 살아가면서 후회될 수도 있었을텐데. 크게 후회할 일이 없잖아'라면서 나 자신을 칭찬했지. 인생이 별 게 아니더라. '그럴 수도 있고 저럴 수도 있고.' 그렇게 생각을 바꾸면 살기가 편해. 모든 게 내 마음에 달려 있어.

어머님이 돌아가시고 나서는 별로 할 일이 없어서 하루가 지루해지는 거야. 서울에서 바쁘게 살다가 시골로 이사를 와 심심할 거라 생각했는데, 어머님 치다꺼리와 성당 일로 바쁘다가 큰 일이 없어지니 내 성격상 또 뭔가 찾아야겠다는 생각이 자꾸 드는 거야. 레지오 주회에 가면 활동보고도 해야 하는데 사람을 만날 수 없는 시골에서는 보고를 할 게 없지. 그러던 중에 남편 사무실 동네에 짓는 아파트를 보는 순간 저 곳으로 이사를 가면 사람을 만날 수 있어 활동을 할 수 있고 새로 입주하는 곳이니 호구조사도 할 수 있겠다는 생각이 들었어. 나는 남편에게 말했지.

"우리도 아파트에 한 번 살아 봅시다."

그때 돈도 좀 있어서 2002년 10월 말에 살던 집은 세를 주고 아파트로 이사했어.

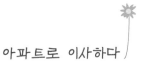

아파트로 이사하다

  새로 이사한 아파트는 내가 살던 집 중 가장 크고 좋은 집이었어. 43평으로 방이 4개인데 방들도 커서 아주 좋았지. 단독주택에만 살았던 나는 겨울에는 따뜻하고 여름에는 시원한 아파트가 아주 편했어. 더군다나 마트도 가까워서 장 보기도 편하고 여러 가지로 좋았어. 그중 제일 신나는 건 사람을 만나서 뭔가할 수 있다는 것이었어. 이사해서 처음 한 일은 새로입주한 아파트라 성당 신자를 찾는 호구조사였어. 다른 분이 대강 하셨지만 미흡해서 레지오 단원들과조를 짜서 활동을 했어. 집집마다 벨을 누르고 인터폰으로 신자 확인을 했는데 반갑게 맞아주는 분도있고 신자라고 하면서도 문을 안 열어 주는 분도 있고 신자는 아니지만 친절하게 대답해 주시는 분, 귀찮게 한다며 현관 출입문을 누가 열어 주었느냐며 역정을 내면서 관리 사무소에 연락하기 전에 가라는 분도 있었지. 그래도 그때는 지금보다 출입이 덜 까다로워서 활동할 수 있었지만 지금 같으면 몇 집 하지도 못하고 관리 사무소 직원들에게 쫓겨날 거야. 또 구역장과 반장을 뽑아야 하는데 나는 꾸리아 부단장과 선교 분과장을 하고 있어서 더 봉사 직책을 맡을 수가 없었어. 나는 봉사할 수 있는 사람들을 찾으면 쾌활하게 말했지.

"○○○ 자매님 알바 자리 있는데 하실래요?"

그러면 사람들은 돈 버는 알바 자리인 줄 알고 말했어.

"어떤 일이에요?"

그때부터 설득을 하지. 이 알바는 하늘나라에 재물을 쌓아서 한 번에 목돈을 엄청 받는다고. 그렇게 봉사를 한 분들과는 친목회를 만들어서 20년 가까이 만나고 있어. 그중 한 분은 아들 혼배 중인이면서 며느리 대모로 아주 예쁘게 사셔. 얼마 전까지 총구역장을 하셨고 지금은 교구 단체장으로 큰 일을 맡았어. 워낙 신심이 두터워서 그때 내가 설득하지 않았더라도 알아서 봉사를 하셨을 분이야. 오랜 모임이라 함께 여행도 많이 다녔지. 해외여행으로 2007년 말에 터키를 다녀왔고 2010년 말에는 베트남, 2016년 7월에는 미 서부를 여행했고 국내 여행도 많이 했어. 2014년에는 평창생태마을 피정도 다녀왔지. 그 모임

에서는 내가 제일 연장자라 예쁜 아우가 5명이나 있
어. 내가 아파트로 이사를 하지 않았다면 만날 수 없
는 인연이지. 아름다운 인연을 만들어주신 주님께 감
사를 드려.

그 집이었기에 할 수 있었던 일이 또 있어. '남촌
어린이' 초대도 그 집에 큰 방이 4개나 있고 초대 첫
날 반찬을 해 준 친목 모임 자매님의 도움이 있었기
에 가능했어.

2004년에는 그 집에서 두 아들이 결혼했어. 6월
26일에 큰아들이 결혼했고 8월 15일에는 작은아들이
결혼해서 50일 동안 두 아들을 결혼시키느라 바빴
어. 나는 오래전부터 아이들 결혼에 내가 어떻게 하
는 게 가장 현명한 방법일까를 많이 생각했지. 그 생

각을 실천하려고 큰아들 상견례를 5월 16일에 하고 나서 그 다음 날부터 두툼한 공책을 사서 '집회서'를 쓰기 시작했어. 성서 공부를 하면서 유독 '집회서'가 마음에 와닿아서 '아들들 결혼선물로 집회서를 써야지'라고 생각했던 일을 한 거야. 부지런히 썼는데도 큰아들네에게는 신혼여행을 다녀온 날 전했지. 아들 부부에게 선물로 전하면서 말했어.

"너희들 결혼을 축하하는 기도로 쓴 성서야. 예쁘게 잘 살아."

그리고는 바로 작은아들에게 줄 성서를 썼어. 3개월에 '집회서'를 두 번 쓴 거야. 나 자신에게도 많은 영적 양식이 되었지.

큰아들네는 산남동집에 세든 분을 내보내고 빈 땅에 작은 거실 겸 주방을 지어서 두 세대가 살 수 있게 수리를 해서 살게 하고, 우리도 다시 아파트를 세주고 12월에 산남동으로 이사했어. 서로 출입구를 따로 해서 편하게 살았어. 작은아들은 서울에 세를 얻어서 내보냈지.

처음으로 살아 본 아파트에서도 감사할 일들이 많았어. 특히 두 아들의 결혼은 축복이었고, 새로운 인연을 만나 그분들을 통해 내 삶은 더욱 풍요로워질 수 있었지. 살아가면서 만나는 모든 인연은 귀한 손님인 것 같은 생각이 들어.

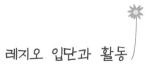

레지오 입단과 활동

　레지오 마리애의 목적은 단원들의 성화를 통하여 하느님의 영광을 드러내는 데 있다. 단원들은 교회의 지도에 따라, 뱀의 머리를 바수고 그리스도 왕국을 세우는 성모님과 교회의 사업에 기도와 활동으로 협력함으로써 이 목적을 달성한다. 교본 제2장 레지오의 목적

　레지오 마리애의 정신은 성모 마리아의 정신이다. 레지오는 성모님의 깊은 겸손과 온전한 순명, 천사 같은 부드러움, 끊임없는 기도, 갖가지 고행과 영웅적인 인내심, 티 없는 순결, 천상적 지혜, 용기와 희생으로 바치는 하느님께 대한 사랑을 갖추고자 열망하며, 무엇보다도 성모님이 지니신 그 높은 믿

음의 덕을 따르고자 갈망한다. 성모님의 이와 같은 사랑과 믿음에 감화된 레지오는 어떤 일이든지 모두 해보려고 하고 할 만하다고 여기기 때문에, 할 수 없다는 불평은 결코 하지 않는다.교본 제3장 레지오의 정신

1984년 정육점과 식당을 하다가 너무 힘이 들어서 다른 사람에게 인계도 못하고 문을 닫았을 때였지. 물리치료를 다니면서 좀 쉬었어. 그러던 어느 날 성당 신자들이 우리 집을 방문해서 기도해줬던 기억이 떠오르면서 나도 그 사람들처럼 누군가에게 기도도 해주고 살면 좋겠다는 생각이 들었어. 그래서 레지오라는 단체를 찾아가서 입단을 했지. 그때도 많이 아팠지만 참고 주간회의를 다녔는데 레지오 주회를 하고 오면 힘이 들어서 한참은 누워서 쉬어야 했어.

그렇게 시작된 단원 생활은 재미있었어. 오류동 성당 로사리오의 모후 쁘레시디움에는 자매님들이 여러 명 있었는데 몇 개월이 지나서 팀을 나누게 된 거야. 인원수가 많으면 회의시간이 너무 길어지고 효율적인 운영이 안 되기에 분단을 했는데, 나는 그때 새로 생긴 파티마의 성모 쁘레시디움에 들어가게 된 거지. 입단한 지 얼마 안 되었지만 나는 서기 직책을 맡게 되었고 재임을 해서 6년간 서기로 활동했어. 나에게 딱 맞는 직책이었고 활동도 재미있었어. 레지오라는 단체를 간단하게 소개한다면 10명 내외의 인원이 매주 한 번씩 모여서 기도와 공부를 하고 일주일

동안 활동한 내용을 보고하는 주 회합을 하는 곳이
야. 매주 2인 1조로 활동들을 배당받아서 세상에 파
견되는 거지. 마치 초대 교회 때 사도들이 선교를 위
해 파견되듯이. 본당 협조 등 어디든지 도움이 필요
한 곳을 다 찾아가서 사람들을 돌보는 일을 하지. 이
런 활동을 할 때 레지오 단원들은 성모님을 깊이 생
각해. 성모님은 예수님을 잉태하시고 낳으시고 기르
시는 삶과 아드님 예수님의 처절한 죽음을 감당하는
인류 구원사업의 협력자이시면서도 '이 모든 일을 마
음속에 간직하시고 곰곰이 되새기셨다^{루가 2,19; 2,51}'는
것을 되새기지. 그렇게 그림자처럼 사신 성모님의 겸
손과 순명이 레지오 단원들에게는 우선이기에 끊임
없는 기도를 해야 해. 기도 없는 활동은 교만해질 수
있지. 이 모든 활동들은 '너희는 온 세상에 가서 모

든 피조물에게 복음을 선포하여라^{마르코 16, 15}'라는 예수
님의 유언을 실천하는 활동인 거야. 예수님의 가장
큰 계명인 '네 마음을 다하고 네 목숨을 다하여 주
너의 하느님을 사랑해야 한다^{마태복음 22, 37}', '네 이웃을
너 자신처럼 사랑해야 한다^{마태복음 22, 39}'는 말씀처럼 만
나는 모든 사람들을 작은 예수님이라 생각하고 대해
야 하고 나도 작은 예수가 되어야 하지. 그렇게 실천
하는 것이 쉽지는 않은 삶이지만 아무리 어려워도
기도하면서 노력하는 거지. 그러다 보면 조금은 변화
가 되는 것을 내가 느낄 수 있으니 그냥 끊임없이
노력하는 거야.

레지오 마리애는 1921년 9월 8일에 아일랜드 더블
린 시에서 한 첫 번째 회합을 시작으로 전 세계로
퍼져나가 2020년까지 170개국에서 많은 분들이 활동
하고 있는 단체야. 우리나라에서는 1953년 목포 산
정동 성당에서 첫 회합을 시작으로 전국에 20만 명
^{2020년}이 넘는 많은 분들이 활동하고 있어. 2021년 올
해는 레지오가 설립된 지 100주년이 되는 해이지만
코로나로 인해 제대로 축하 행사는 할 수가 없지.

레지오 마리애 조직은 용맹한 고대 로마군단을 본
따서 만들었어. 군대로 말한다면 소대, 중대, 대대처
럼 상부와 하부 조직이 있듯이 레지오 마리애는 아
일랜드에 있는 제일 상급 '꼰칠리움 레지오니스 마리
애'를 중심으로 각 국가를 대표하는 평의회 '세나뚜
스^{우리나라에는 활동 단원이 많아서 서울, 광주, 대구 세 곳이나 있어}', 지방 평
의회인 '레지아', 지구 평의회인 '꼬미시움', 본당을

대표하는 평의회 '꾸리아', 레지오 조직의 가장 기초가 되는 '쁘레시디움'으로 구성되어 있어. 레지오 단원들이 하는 모든 활동은 '쁘레시디움'을 통해 제일 위인 '꼰칠리움'에까지 보고 전달되는 탄탄한 봉사활동 조직이지.

교본, 회의방식, 좌석배치까지 전 세계 레지오가 같은 것을 쓰고 있어서 다른 나라에 갔을 때도 말은 달라도 주간 회의에 참석할 수 있어. 내가 1997년 2월에 캐나다로 유학 간 아들에게 다녀올 일이 있어서 갔다가 주간 회의에 결석을 안 하려고 토론토 한인교회 레지오 주회에 참석했던 적도 있지. 마침 아들이 살고 있는 집 아래층 마트 주인이 교포 신자라서 가게에 있던 주보를 보고 전화를 할 수 있었지.

"제가 한국에서 아들 집에 왔는데 레지오 주회에 참석하고 싶어요. 어떻게 하면 될까요?"

주소를 알려달라고 해서 알려줬더니 주회 시간을 맞춰서 집 앞에 차가 온 거야. 주회가 끝나고 집에 데려다주면서 언제 귀국하느냐고 묻더니 귀국하는 날 공항까지 차량 봉사를 해 주었어. 아무나 할 수 없는 봉사지. 아들 집까지 오는 데도 한 시간 가까이 걸리는데 나를 공항에 데려다주고 아들을 다시 집까지 데려다주고 갔으니, 그것도 밤에 말이야. 먼 이국땅에서 힘들게 살면서도 시간을 쪼개어 봉사하는 레지오 단원들은 무엇을 이웃과 나눌까 하는 고민을 늘 하기 때문에 행복한 삶을 사시는 거지. 나는 너무 고마워서 귀국 후 레지오 관련 자료들을 아들에게 보내어 전해드렸어. 캐나다에서 레지오 주회를 참석했던 일은 내 삶에서 좋은 추억이야.

 1984년에 입단하여 몇 년 동안 활동하던 중 1991년에는 오류동 성당 '갈멜산의 동정 성 마리아 꾸리아' 부단장 직책을 맡게 되었고, 3년 임기를 마치고 얼마 안 되어 오류동 성당이 수궁동에 신설 성당분당을 하면서 수궁동에 소속된 레지오 단원들 8개 쁘레시디움을 이끌 꾸리아 단장을 맡게 되었어. '즐거움의 원천' 꾸리아를 1994년 10월 23일에 설립해서 3년 임기를 마치고 재임을 해서 3년 총 6년 동안 봉사하던 중, 꾸리아 단장 임기 만료 1년 전이었던 1999년 7월에 구로구, 금천구 전체 레지오 '인자하신 정녀 꼬미시움' 회계 선거에서 선출되어 일이 더 많아졌어.
 본당에서 꾸리아 단장이 되면 사목회 '선교 분과장' 직책이 당연직이라 본당에서는 선교 분과장, 꾸리아 단장, 지구평의회에서는 꼬미시움 회계, 개인적으로는 가게를 하고 있어서 정신없이 바빴지. 나는 어떤 일을 하면서도 다음 일을 머릿속에 그려야 했어. 그래야 빠른 시간에 많은 일을 할 수 있거든 다행히도 늘 옆에서 도와주는 여러 명의 단원들이 있어서 그 직책들을 잘 수행할 수 있었지. 2000년 9월에 꾸리아 단장 6년 임기를 마칠 때는 8개 쁘레시디움이 더 설립되어 16개 쁘레시디움으로 레지오 단원이 많아졌어.

1996년에는 초등생 어린이 레지오로 소년 쁘레시디움을 설립했었지. 수녀님이 '복사단' 어린이들을 모아 주셨어. 소년 쁘레시디움에는 성인 레지오 단원이 단장으로 활동하면서 어린이들을 지도하는데 나도 그 어린이 쁘레시디움의 단장으로 활동하면서 주 회합을 이끌었어. 그때를 생각하면 참 재미있었지. 아이들이 묵주를 들고 30분 가까이 기도를 하는데, 처음에는 지루하기도 하고 한 자리에 서 있는 것도 힘이 들었는지 묵주를 장난감처럼 들고 흔들면서 이 교리실 저 교리실을 돌아다니기도 해서 회합 분위기는 엉망이었지만, 그러던 아이들은 시간이 지나면서 조금씩 변하는 거야. 아이들은 성서 읽어오기, 기도하기, 학교 친구들과 잘 지내기, 부모님 도와드리기 등을 일주일에 한 번 보고해야 했어. 처음에는 별로

보고하는 게 없었는데 어느 날부터는 경쟁이 붙어서 활동보고 시간이면 보고 양이 많아지는 거야.

또 가장 기억에 남은 어린이가 있어. 그 아이는 활동보고 시간에 이렇게 말했어.

"단장님 제가 지난주 레지오 끝나고 화장실 갔다가 화장실 전깃불 끄는 걸 잊고 그냥 집으로 갔는데 가다보니 불 켜놓고 그냥 갔잖아요. 다시 성당으로 와서 불을 끄고 갔어요. 내가 레지오를 안 했으면 다시 성당 안 왔을 텐데 레지오가 힘들어요."

참 이쁜 아이들이었어. 그 아이들은 지금 결혼도 했을텐데 그때의 추억과 경험으로 신심 깊은 신앙생활을 했으면 좋겠어. 나에게도 보람된 시간이었지. 지금도 눈을 감고 그때 그 아이들의 모습을 떠올리면 웃음이 나와. 참 재미있었어.

꾸리아 간부로서 레지오를 운영하는 데는 여러 가지 일이 많아. 연중 행사로 봄이면 '야외행사' 연말이면 '연차 총 친목회' 등 몇 가지 중요한 행사가 있고 단원들의 영성 및 활동에 필요한 교육도 1년에 1~2회씩 해야 해. 이런 행사들이 단원들에게 많은 영향을 주기에 4간부는 많은 고민을 하지. 그중 '야외행사'는 전체 단원이 함께 어울리는 '작은 운동회'로 했어. 내가 6년 동안 6번의 야외행사를 했는데, 동네 뒷산 넓은 잔디밭에서 했는가 하면 버스를 대절해서 여주강변유원지 등에서도 했어. 임기 마지막 해인 2000년에도 버스 3대로 강화 '동막 해수욕장'을 다녀왔어. 이 행사는 준비를 잘해야 해. 100명 이상의 인원이 기쁜 하루가 되어야 하거든. 쁘레시디움 별로 인원을 나눈 3대의 버스에는 각각 노란색, 빨간색, 파란색으로 표시한 종이를 붙이고 버스에 타는 사람들에게도 차에 표시된 색깔의 리본을 달아서 3개의 팀을 만들었어. 그날 하루만은 색깔별로 한 팀이 되는 거지. 늘 쁘레시디움별로만 만나는 단원들이 그날만은 다른 쁘레시디움과도 친교를 가질 수 있는 시간이지.

중식 준비도 만만치 않아. 지금은 식당이 많아 사서 먹을 수 있지만 그때는 다 준비해서 가야 했어. 그렇다고 각자 도시락을 쌀 수는 없어서 밥은 방앗간에서 쪄 아이스박스에 담고 반찬으로는 꾸리아 간부들이 모여 돼지고기 양념을 해서 16개로 나누어 큰 아이스박스에 넣어서 가지고 갔지. 쁘레시디움 별로는 고기를 구울 수 있는 펜, 부루스타, 김치 쌈장 등을 준비했는데 집에 있는 다른 반찬들도 가지고 오는 단원들이 있어서 푸짐한 소풍이었어. 행사 장소에 도착하면 먼저 야외행사 현수막을 걸고 시작기도를 한 뒤 점심을 먹고 좀 쉬었다가 3개 팀을 나누어 게임을 하고 응원도 했어. 그 시간만은 모두 동심으로 돌아간 듯해. 나는 그 행사 준비를 며칠 동안 했어. 프로그램을 짜고 게임마다 필요한 도구들을 구해야 했고 또 다 준비된 도구를 잊어먹을까 별도로 배낭에 넣어서 짊어지고 다녔어. 사탕 따 먹기, 공 굴리기, 풍선 터트리기 등 연령대별로 게임을 해야 해서 게임 종류도 많아야 했지. 또 내가 준비한 행사라 사회도 내가 봐야 했어. 그날은 아주 신경이 곤두섰지. 혹시 분위기가 처지지는 않는지도 살펴야 했어. 다행히 단원들은 각 팀별로 선수도 잘 내보내고 응원도 열심히 하면서 전 연령대가 마치 아이들처럼 서로 이기려고 난리였어. 마지막 보물찾기에서도 대단한 보물을 찾기라도 한 듯 기뻐하는 모습은 나이를 초월했어. 그 모습을 보면 힘은 들었지만 보람이 컸지. 6년 동안 해마다 했던 야외행사는 참 재미있었어. 2000년 행사로 내 임기 동안의 야외행사는 끝이 났지. 레지오에서는 같은 직책의 간부는 임기가 3년이고 재임이 한 번 허용되어서 최장이 6년이야. 더이상은 힘도 들고 레지오라는 단체를 위해서도 더이상 하지 말아야 하지. 나는 기록과 보관을 중요시하는 성격이라 수궁동 성당 '즐거움의 원천' 꾸리아 임기 6년 동안의 모든 행사에서 찍은 사진들을 앨범으로 만들어서 후임자에게 보관해 달라고 부탁했어. 오류동 성당 레지오 부단장을 시작으로 9년 동안 내 일을 해 가면서 봉사할 수 있었던 건 주님의 도우심과 많은 분들의 도움이 있었기에 가능했지. 특히 남편의 협조가 큰 힘이 되었어. 그 모든 봉사는 내가 한 게 아니라 많은 사람들이 함께 한 봉사야.

2001년 6월에는 파주로 이사를 했고 레지오도 일산 '탄현동 성당'으로 옮겼는데 그때 탄현동 성당은 일산 성당에서 분당한 지 얼마 안 되어서 어수선했어. 레지오 쁘레시디움도 두 개였던 걸로 기억하는데 혼성 직장인 팀이라 주회를 일요일 오후에 하는 거야. 내가 차를 사서 운전하기 전까지는 한 시간에 한 대씩 운행되는 버스를 타고 구 일산 가까이 가서 다시 마을버스를 갈아타고 탄현 성당에 가서 한 시간 이상 걸리는 주회를 하고, 다시 시간을 맞추어 버스를 타고 다녀오면 저녁을 해 먹기도 바쁜 거야. 생각 끝에 평일 오전에 주회를 하는 쁘레시디움을 설립하려고 단원을 모집했어. 다행히 레지오를 하다가 쉬시는 분들이 있어서 주부들로 구성된 여성 쁘레시디움에 단장 직책을 맡게 되었고, 본당에 2개 이상의 쁘레시디움이 있으면 꾸리아를 설립할 수 있어서 탄현 성당 레지오 '상아탑 꾸리아'를 설립하게 되었지.

서울 '수궁동 성당' 레지오 설립의 경험이 있다는 이유로 '탄현 성당 상아탑 꾸리아' 부단장 직책을 맡으면서 다시 꾸리아 간부가 되었고, 꾸리아 단장이 수행해야 할 본당 '선교 분과장' 직책을 단장이 못 하겠다고 해서 사목회 '선교 분과장'을 또 하게 되었어. 2003년에는 꾸리아 단장의 사임으로 또 꾸리아 단장으로 봉사하다가 2004년 12월에 운정 성당으로 교적을 옮기면서 꾸리아 간부직 봉사는 끝인 줄 알았는데, 8년 만에 운정 성당에서 분당한 교하 성당 '바다의별 꾸리아' 회계를 2012년부터 2015년까지 또 하게 되었지.

꾸리아 간부를 하면서도 쁘레시디움 단장은 계속했었는데 2019년 3월에 단장 간담회 중 6월에 있을

'꾸리아 야외행사' 이야기를 하게 되었어. 나는 해마다 야외 행사를 '성지순례'로 하는데 조금은 아쉬운 듯해서 전에 꾸리아 단장을 하면서 했던 '야외행사'를 이야기했지. 레지오가 기도와 봉사만 하는 곳이 아니라 1년에 한 번은 야외에서 함께 노는 행사를 하는 단체라는 걸 사람들에게 알리면 단원 모집을 하는 데도 도움이 되고 단원들 간의 화합에도 도움이 될 거라는 생각이었어. 성지순례를 가려면 관광차를 대여해야 하는데 가까운 곳으로 가니 승용차를 몇 대 운행하면 되고, 그 비용을 행사 비용으로 쓰면 좋겠다고 했지. 이곳 파주는 도시가 아니라 행사를 할 수 있는 공간이 많다는 이야기도 덧붙이고, 만일 내 의견대로 행사를 하겠다면 행사기획과 진행을 모두 하겠다고 했지.

50대에 했던 그 일을 70대에 하겠다고 나선 나도 내 나이를 잊은 듯해. 일산 탄현 성당에서 꾸리아 단장을 했을 때는 단원 수가 적어서 일산 호수공원에 가서 보물찾기, 수건돌리기 등으로 야외행사를 했고, 오랜만에 작은 운동회를 해 보겠다고 한 거지. 내 의견에 모두 동의하며 한 번 해 보라고 했어. 행사 장소로 우리 '창조주의 어머니 쁘레시디움'이 매월 봉사를 가는 양로원 '우양의집'을 생각했어. 수녀님께 부탁해서 그곳 마당을 빌렸지.

내가 그곳을 빌린 건 몇 가지 좋은 점이 있어서였어. 첫 번째는 장소 크기가 인원수에 딱 맞아. 너무 넓어도 시선이 분산되거든. 마당 한쪽에는 나지막한

정자가 2개 있어서 한 팀씩 앉으면 되고 마당은 잔디밭이라 게임을 하기에 딱이야. 거기에 화장실 수돗물도 옆에 있으니 여러 가지로 편할 듯했어. 두 번째는 양로원 어르신들께는 우리들의 행사가 구경거리가 될 수 있어. 세 번째는 우리들의 점심을 어르신들과 나눌 수 있지. 출장뷔페의 양을 조금 더 주문하면 되니까. 네 번째는 양로원 봉사를 안 오셨던 분들도 관심을 가질 수 있겠지. 우리 꾸리아 몇몇 쁘레시디움만 그곳으로 봉사를 다녔으니까.

행사는 6월 6일 현충일로 정하고 행사 며칠 전부터 게임에 필요한 소품을 준비했어. 과자 따먹기 게임을 위해서 문 손잡이에 끈을 길게 늘리고 머리를 따듯이 엮어서 두툼한 긴 줄을 만들었어. 그 외에도 여러 가지를 준비했지. 또 분위기를 띄우기 위해 우리 구역 식구 중 장구를 치시는 분을 초대했고 행사에 적극적으로 참석한 남녀 한 분씩을 뽑아 화관을 씌워드리는 것으로 행사의 마지막을 장식했어. 같이 레지오를 하는 대녀에게 화관을 부탁했더니 아주 멋지게 만들어 왔지. 거기에 보태어 대모가 행사 주관을 한다고 행사 기념 땀 타월까지 준비해 와서 모두가 기념으로 나누었어. 한 가지를 부탁했는데 두 가지를 준비한 멋진 대녀 율리아나가 늘 옆에 있는 나는 여러 가지로 복이 많아.

점심을 넉넉하게 준비한 덕분에 어르신들 대접을 잘했고 일부 반찬은 저녁으로도 드셨어. 음식을 준비해 준 식당이 많은 양을 주신 듯해. 점심을 먹고 시작한 작은 운동회와 상품 추천에 단원들은 게임에서 이겼다고, 별것도 아닌 상품 추천에 뽑혔다고 다들 무척 좋아하셨지. 그 모습이 꼭 흥이 난 초등생 같은 모습이었어. 이런 우리들의 모습이 양로원 어르신들에게는 큰 구경거리였지. 방문을 열고 목이 빠질 듯이 내다 보시는 분, 아예 밖에 나오셔서 의자에 앉아 구경하시는 분…. 거기에 수녀님 한 분은 훌라후프 게임에 함께 하시어 걸으시면서도 훌라후프를 멋지게 돌리셔서 모두 와 하며 감탄했어.

재미있게 놀던 우리는 비가 오는 바람에 행사를 마무리했지. 20년 전에 했던 행사 준비와 진행을 더듬어 가면서 했기에 부족한 부분도 많았겠지만 모두 즐거운 마음으로 함께해 준 '바다의별 꾸리아' 단원들이 고마웠어. 또 나에게 봉사할 수 있는 기회를 준 꾸리아 간부들에게도 감사해.

내가 레지오 단원으로 활동을 했기에 다른 단체에서 봉사하는 데 많은 힘이 되었어. 나는 레지오라는 단체 안에서 기도, 공부, 활동이 반복되면서 지적·영적으로 조금씩 성장되어, 2000년 10월 전교주일에는 신부님의 명령으로 11시 교중미사에서 '전교를 어떻게 해야 하나'라는 주제로 강론까지 할 수 있었고, 2003년 한국레지오 오십 년사 기념으로 만든 책자 안에 '레지오를 빛낸 일꾼들'로 4번 기록되었고 50년 뒤 내가 이 세상을 떠난 뒤에 100년사에도 2번 기록될 거야. 부족한 나를 일꾼으로 불러 써 주신 주님께 감사드리지. 레지오라는 단체 안에서 보람과 기쁨이라는 선물을 받았으니 건강이 허락되어 걸을 수 있을 때까지 레지오 단원으로 활동할 수 있는 더 큰 선물을 하느님께 청해볼 거야.

　오래전에 있었던 이 모든 이야기를 할 수 있는 건 일기는 못 썼지만 한 권도 분실하지 않고 가지고 있는 레지오 단체 수첩 36권 안에 기록이 있기에 가능했어. 이것 또한 감사할 일이지.

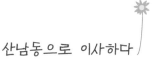

산남동으로 이사하다

　나는 가좌동 아파트에서 2년을 편히 살고 2004년 11월에 다시 단독주택으로 이사를 와 아들 내외와 한 지붕 밑에서 두 세대로 서로 독립된 생활을 했어. 다음 해 3월에는 이쁜 쌍둥이 남매 손주를 봤어. 나도 이제 할머니가 되었어. 내 자식을 키울 때와는 다르게 손주는 왜 그리 이쁜지. 며느리가 일을 하고 있어서 남편과 나는 두 손주를 1년 동안 키웠고, 며느리가 손주 돌잔치 후 일을 그만두면서 아들 내외는 아파트로 이사를 갔어. 2009년에는 막내 손자가 태어나서 손주가 셋이 되었어. 외로운 나에게 손주가 셋이니 큰 축복이지.

　나는 시간이 많아지면서 마당 손질도 하면서 제대

로 전원주택에서의 삶을 시작했어. 마당에 잔디를 조금 걷어내고 각종 야채를 심고 담 밖 빈터에 가지, 오이, 토마토, 호박 등 여러 가지를 심어서 여름 내내 키워 반찬을 해 먹는데 내가 키운 거라 그런지 맛이 있었어. 또 너무 많으면 성당 식구들과 나누어 먹기도 했어. 그런 전원생활도 좋기는 한데 이웃이 별로 없으니 어떨 땐 조금 외롭기도 해. 그래서 성당 식구들에게 얘기했지.

"우리 집 대문은 늘 열려 있으니 언제든지 놀러 와요."

그렇게 말을 해 놓고는 봄이면 야채를 넉넉하게 심고 가을에는 김장을 좀 많이 했어. 아파트에 사는 지인들은 자기 손으로 야채를 뜯고 씻어서 함께 나누어 먹는 밥을 행복해했고 나는 그들과 함께 나누는 시간이 행복했지.

그렇게 시작한 이웃들과의 나눔은 손주들이 커서

초등학교를 다니면서부터는 손주 친구들과 엄마들에게까지 이어져서 우리 집은 그분들이 와서 노는 장소가 되었지. 손주가 다니는 초등학교는 한 학년에 한 반밖에 없어. 전교생이 모두 120명 정도고, 초등학교 1학년부터 졸업 때까지 6년을 함께 보내는 아이들과 엄마들은 아주 친밀한 관계야. 우리 집에 모이면 숯불 고기구이를 해 먹거나 마당에 걸어 놓은 큰 솥에 닭백숙을 해 먹었지. 거기에 내가 담은 묵은 김치가 젊은 엄마들에게 인기가 좋았어. 놀이도 여러 가지였지. 초봄에는 들판에서 연날리기를 하고 여름에는 큰 수영장을 만들어서 놀았어. 큰 손자는 마당에 텐트를 치고 친구들과 밤새우기도 했지. 어느 해 봄, 장을 담그는 날 손주 친구들을 불러서 함께 장을 담그기도 했어. 아이들은 된장, 간장 담는 걸 처음 봐서 그런지 신기해했어.

그렇게 산남동 집은 여러 가지로 나에게 많은 선물을 주었어. 내게 채소를 키우는 재미와 건강한 먹거리를 주었고 자연과 더불어 살아가는 삶의 지혜를 배울 수 있는 곳이었으며 축복과 같은 맑은 공기도 주었지. 손주들은 놀이를 통해 학교 공부보다 더 큰 공부를 할 수 있었고 유년기의 추억을 많이 만들었지. 그 추억들이 소년기와 청년기를 보내는 밑거름에 조금은 도움이 되리라고 생각해.

큰 손주 남매와 함께 놀았던 친구들도 이제는 고등학생이 되었고 작은 손자 친구들은 초등학교 6학년이 되었지. 모두 잘 자라서 각자의 자질대로 사회를 위해 일하는 훌륭한 사람들이 되었으면 하는 바람이야.

산남동은 나의 황금 같은 시기의 50대와 60대를 보낸 곳이야. 이렇게 살고 있는 나를 많은 사람들은 아무 걱정 없이 사는 사람으로 보겠지만 사람 사는 건 다 똑같아. 매월 임대료를 받아서 생활하는 우리 부부는 그 임대료에서 각종 세금을 내고 나면 생활이 빠듯해. 거기에 은행에서 빌린 돈의 이자까지 내야 해서 밥을 먹고 사는 데는 어렵지는 않지만 여유가 없어. 서울에서 파주로 이사 올 때도 1억 원의 빚 때문에 집을 팔았는데 또 1억 원이 빚이 생겼어. 작은아들을 호주에 보내 어학연수 직업학교를 보내느라 빌린 돈이지. 정리할 부동산이 있어서 우선 빚을 내어서 쓰고 부동산이 팔리면 빚을 갚으려 했는데 그 일이 생각처럼 잘 안 되어서 빚을 진 거야. 다른 수입이 없으니 그 빚은 집을 팔아야 갚을 수 있는데

2018년에 아주 좋은 기회가 왔어. 남북 간의 평화 분위기에 땅 가격이 오르고, 덩어리가 조금 큰 땅이라 매매도 어려운데 사겠다는 사람도 생겨서 7월 초에 팔았지. 2001년에 파주로 이사와 지은 집인데 아파트에서 2년 살았으니 15년을 산 집이었어. 결국 1억의 빚은 나를 또 다른 삶으로 바꾸는 축복의 빚인 듯해.

산남동 집은 나에게 또 손주들에게 많은 추억을 만들어 주어서 고마운 집이지만 그 집을 떠날 때가 온 거야. 빚도 갚아야겠지만 내가 나이를 더 많이 먹어 운전을 못 할 때 산남동은 대중교통이 제대로 없어 성당을 다닐 수도 없으니 걸어서 성당을 갈 수 있는 곳으로 가야 하고, 집도 작은 아파트가 좋을 듯했고, 또 여유가 생긴 돈으로 더 늙기 전에 성지순례도 가야 하는 등의 이유로 슬슬 살림 정리를 해야 될 때 정리가 된 거지. 가까운 지인들은 더 가지고 있으면 땅값이 오를텐데 왜 팔았느냐고 하는 분들도 있었지만, 큰 돈을 쓸 여유까지는 아니지만 내 발로 다닐 수 있을 때 가고 싶은 데 가고 먹고 싶은 거 먹다가 떠나야 하는 게 정답인 거 같아. 또 내가 살다가 떠난 집과 땅값이 나중에 올라간다면 집을 산 사람의 몫이지 내가 미련을 가질 필요가 없어. 세상을 살아 보니 다 때가 있더라고. 머무를 때와 떠날 때. 인생이란 늘 어제와 다른 삶으로 떠나잖아. 계획했던 대로 9월 6일에 가까운 운정에 있는 작은 아파트로 이사했지. 또 다른 삶이 시작되었고 지금 생각으로는 이 집이 내 생애의 마지막 집인 듯해. 미래를 알 수 없지만 열심히 잘 살아야지. 이 세상 소풍 끝나는 날까지.

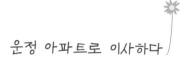

운정 아파트로 이사하다

　산남동의 집을 떠나 나는 다시 아파트에서 살게 되었어. 우리 집은 11층이라 처음에는 허공에 떠 있는 느낌이고 모두가 생소해서 한참을 헤맸지. 한 번은 남편이 현관문을 꼭 안 닫는 바람에 문이 안 열려서 놀라기도 했어. 그래도 이제는 적응이 되어서 괜찮아. 추위를 많이 타는 남편은 이제는 아파트가 좋다고 해. 또 집을 여러 날 비울 때도 집 걱정할 필요가 없으니 좋지.

　오래전 계획했던 대로 남편과 둘이서 2019년 2월에 이탈리아와 이스라엘로 11박 12일 성지순례를 다녀왔어. 그리고 3월 말에는 성당 구역장 반장들과 일본 나가사키 성지순례도 다녀왔지. 가고 싶었던 해외

성지순례를 한 달 반 사이에 많이도 다녀왔어. 잘 다녀오기는 했지만 역시 여행은 나이가 많으면 힘이 들어서 어려워. 더 나이 들기 전에 다녀올 수 있어서 감사해.

10월에는 내 칠순이라 작은아들 내외도 호주에서 왔어. 두 아들 내외는 내 칠순잔치를 잘 해주었어. 큰 며느리가 피아노를 전공해서 손주들 셋에게 각각 다른 악기로 축하 연주를 할 수 있게 준비를 시켰더라고. 손녀는 비올라로 '아모르 파티'를 연주했고, 큰 손자는 이루마곡 '키스 더 레인'을 피아노로 연주했지. 또 작은 손주는 헨델의 '주여 나를 울게 하소서'를 바이올린으로 연주했어.

많은 분들을 초대하지는 않았지만 은근히 손주 자랑을 하는 자리가 되었지. 할머니가 되면 별수없나

봐. 칠순 잔치 이틀 후 처음으로 가족 모두 제주도로 여행을 다녀왔어. 함께 모이기가 쉽지 않아 기회를 놓칠 수 없었지. 4박 5일의 여행은 가족 모두에게 큰 의미가 있는 추억을 만든 시간이었어. 우리 부부에게는 더할 나위 없는 축복의 시간이었고, 나는 여행 내내 꿈만 같았지.

'아, 나에게도 이런 시간이 주어졌구나!'

작은아들 내외는 20일 동안이나 시간을 내어서 함께 해주니 고마웠고, 큰아들 내외는 칠순 행사 모두를 준비해 주었으니 더욱 감사했지. 내 평생에 최고로 호강한 한 해였어.

아파트로 이사를 하면서 산남동 일대의 성당 구역장직을 그만두었어. 2016년 3월에 시작했던 '성서 백주간' 성서공부 봉사도 지난 가을에 끝났고, 2020년 2월에는 교하 성당 '창조주의 어머니' 쁘레시디움 단장도 6년을 마치면서 내려 놓았지.

이제는 바쁘게 살던 나에게 쉬는 시간이 왔는가 했는데 한 달도 안 되어서 새로운 동네의 구역장을 해달라는 부탁을 받게 되었어. 거절할 수가 없어서 산남동 구역장을 그만둔 지 2년이 안 되어서 또 구역장을 하게 되었지. 또 구역장을 하느냐고 하는 사람들도 있겠지만 더 나이를 먹으면 하고 싶어도 못 할 듯해서 하는 거야. 내가 욕심이 많나 봐.

이사한 이곳 목동동에는 2월에 운정 성당에서 분가한 목동동 성당이 걸어서 10분 거리에 있어. 성당 가까운 곳에서 살고 싶었던 내 소원이 이루어졌어.

그러나 코로나로 인해 얼마 동안은 성당에도 못 갔었지. 지금은 매일 걸어서 성당을 가는데 가까운 거리로 안 가고 일부러 아파트 단지 안을 돌아 공원으로 해서 가. 운동도 되지만 예쁜 애기들을 많이 만날 수 있어서야. 우리 아파트는 젊은 사람들이 많이 살아서 애기들이 많아. 그 애기들을 보면 예쁘기도 하고 마치 천사들을 보는 느낌이야. 내 자식을 키울 때는 몰랐는데 할머니라서 그런가 봐. 이렇게 좋은 곳에서 살고 있으니 복이 많은 거지.

그런데 나보다 더 복이 많은 사람은 남편이야. 코로나로 어디를 갈 수가 없으니 운동도 할 겸 공원으로 매일 출근하는데, 같은 시간에 만나는 사람들과 친분이 생기면서 아줌마들이 몇 명 안 되는 남자들을 '오빠'라고 불러. 남편이 나이가 제일 많다고 '큰오빠'가 되었어. 매일 아침 9시가 넘으면 옷을 깨끗이 차려입고 많은 여동생들을 만나러 공원으로 가는 남편. 남편은 매일 행복할 거야. 팔순인 남편을 '오빠'라고 불러주는 사람들이 있으니 얼마나 행복하겠어. 내가 그 아줌마들에게 '와! 시누들이 많아서 좋기도 하지만 무섭다'고 너스레를 떨면 모두 한바탕 웃어. 코로나로 그 시누이들과 함께 남편 팔순 잔치를 못 해서 아쉬운데 날이 추워지기 전에 함께 모일 수 있게 되면 대접을 잘 해야겠어. 인생의 막바지를 가고 있는 삶에서 이렇게 좋은 분들을 만난 남편도 복이 많은 거지. 참 고마운 분들을 만난 거야. 세상에는 나쁜 사람들도 있다고 하지만 내가 만난 사람들은 모두 인정 많고 착한 사람들이 많아. 외로운 나에게 좋은 이웃을 보내주시는 주님께 감사드려야 하고 나도 누군가에게 좋은 이웃이 되도록 늘 노력해야겠지.

　살아가면서 만나는 많은 사람들을 통해 삶이 바뀌기도 하는데 난 70살이 넘어서 지인의 권유로 새로운 직업이 생겼지. 봄부터 가을까지만 일하는 직업 '농업인'. 그 직업을 얻게 된 계기는 아주 작은 사연에서 시작되었어.

　2018년 9월에 아파트로 이사를 하면서 호박, 가지, 풋고추, 상추 등을 다 사서 먹게 되었어. 20년 가까이 키워서 먹다가 사서 먹는데 다른 야채는 그런대로 먹을 만한데 마트에서 사 먹는 가지는 내가 하는 요리 방법으로는 맛이 없어서 먹을 수가 없었어. 키워서 먹을 때 즐겨하던 요리 방법은 가지를 쪄서 집간장으로 간을 하고 갖가지 양념으로 무치는 것인데 한 대접씩 먹어. 정말 맛있거든. 그 가지 맛이 그리워서 2019년 봄에 가지 심어 먹을 땅을 구했지. 나와 같은 성을 가진 일가인 남 회장님 땅을 얻어서 친구들과 같이 땅에 있는 돌을 골라내면서 밭을 만드는 중, 옆에서 지켜보던 남 회장님이 그러지 말고 땅을 사라고 하시는데 그 한마디를 듣고 생각해 보니 '그래, 땅을 사는 것도 괜찮겠다'는 생각이 드는 거야. 사실 평생 내 땅에 집을 지은 단독에 살았는데 아파트로 오면서 내 소유의 땅문서가 없는 게 조금은 서운했지. 그런데 딱 좋은 말씀을 해주신 거야. 나는 왜 그 생각을 못 했는지, 그 자리에서 '회장님, 땅 좀 알아보세요'라고 부탁했고 회장님은 바로 부동산 중개업을 하는 일가분에게 전화했지. 며칠 후 땅을 보러 갔어. 집에서 15분 정도 거리에 있는 절대농지로, 논을 메꾸어서 대추나무를 수십 그루를 심어놓았고 땅 옆의 도로는 농로라고는 하지만 2차선으로 위치가 아주 좋았어. 땅의 가치는 도로가 좌우하거든. 살아오면서 땅을 사 집을 지을 때는 늘 도로가 넓은 곳을 선택해서 재미를 많이 봤지. 바로 계약은 했지만 농사짓는 분이 추수가 끝날 때까지 기다려 달라고 해서 연말에 잔금을 치르고 2000년 봄부터 농사꾼이 되었지. 가지 심어 먹겠다고 산 땅치고는 너무 커 감당이 안 돼서 할 수 없이 성당 친구들을 불러서 같이 농사를 지었어. 고추, 가지, 호박을 몇 개 심어서 먹는 것과 수백 평에 작물을 심는 일은 차원이 다른 고된 노동이야. 다행히 함께 하는 친구들이 있어서 많은 도움이 되었어. 처음으로 고구마, 참외, 옥수수, 참깨, 들깨, 배추 등 여러 가지를 심고 가꾸느라 봄부터 가을까지 많은 시간을 농장에서 보냈어.

그곳은 우리 모두에게 좋은 피난처였어. 코로나로 아무도 만날 수 없고, 갈 곳도 없어서 우울증에 걸릴 뻔했는데 들판에서 식물들과 보내는 시간은 축복의 시간이었어. 제일 재미있었던 작물은 고구마와 참외였어. 땅이 많다고 잔뜩 심었는데 너무 많은 거야.

고구마는 지인들과 나누어 먹고 참외는 깍두기에, 장아찌에, 다 먹지도 못하면서 열심히 반찬을 만들어 이웃과 나누었어. 또 아들 내외가 심어놓은 돼지감자는 얼마나 많은지 돼지감자로 깍두기, 장아찌를 해 먹고 말려서는 미숫가루·차로 끓여서 잘 먹기는 했지만 키우기가 힘이 많이 들어.

내가 농사를 지어보니 농작물을 심고 키우고 추수해서 먹을 수 있게 하는 과정은 많은 수고가 있어야 해. 매일 우리 밥상을 풍성하게 해주는 농부들에게 감사해야 해. 힘은 들었지만 내가 키운 농작물을 밥상에 올리는 재미도 크고, 가족 모두 건강한 먹거리에 관심이 많아졌어. 알뜰한 며느리는 농사지은 작물을 얼마나 소중하게 여기는지 이렇게 저렇게 요리를 해서 하나도 버리지 않고 잘해서 먹어. 내가 좋아하는 가지도 많이 먹었어.

농사를 지어서 먹는 재미도 있었지만 그곳에서 결혼 50주년 행사도 했지. 코로나로 아무것도 할 수가 없었는데 아들 내외가 하나뿐인 동생 부부를 초대해서 숯불구이 고기로 점심을 먹고, 며느리와 손녀가 나에게는 흰 드레스를 남편에게는 나비넥타이를 준비해 주어서 한껏 치장해서 사진도 찍었지.

5월이니 가능했지 모임을 전혀 못 하게 될 때였으면 그 단촐한 모임도 못 할 뻔했어. 남편과 나는 서로 다른 환경에서 성장해서 부부라는 인연을 맺고 아옹다옹 지지고 볶고 50년을 함께 살았어. 돌아보니 아득히 먼 길을 걸어온 듯해. 그래도 크게 아픈

운정 아파트로 이사하다

곳 없이 살고 있으니 서로에게 고마운 거지. 늙어가면서 부부 중 한 명이라도 몸이 불편하면 서로에게 짐이 돼. 잘 살다가 떠나야 하는데 그 일이 내 마음대로 안 되는 일이라 기도를 많이 해야겠어. 또 코로나로 인해 나들이 갈 곳이 없던 아들네 식구는 농장에서 밥도 해 먹고 넓은 수영장을 만들어서 놀기도 하고, 손주들은 자전거로 들판을 다니면서 답답한 시간을 잘 보냈지. 중3인 큰 손주는 친구들과 1박을 하면서 밤새 들판을 쏘다니면서 놀았으니 그 아이들에게는 소중한 추억거리가 되었을 거야. 올해도 방학 중에 친구들과 1박을 한다고 하는데 예술고등학교 성악과를 들어갔으니 밤새 들판을 쏘다니며 들판을 무대로 식물들에게 노래를 들려주겠지.

그렇게 고마운 땅과도 이별하게 생겼어. 땅을 산지 몇 개월 만에 도로로 수용된다는 연락이 왔고 2021년 올 가을까지만 농사를 지을 수 있어. 작년에는 여러 가지를 심어서 재미있게 시간을 보냈는데 올해는 대강대강 농사를 지을 거야. 힘을 쓰는 아들이 오십견으로 팔이 아파서 일을 할 수 없고, 남편도 힘들다고 두 손 들고, 함께 농사지을 친구들도 구하지를 않았어. 혹시 수용이 빨리 되면 농작물을 심은 친구들이 추수도 못 하는 일이 생길까 봐 말을 할 수 없었지. 할 수 없이 가까운 곳에 사는 동생 내외와 함께 농사를 짓는데 아무 경험이 없는 동생네는 내가 없을 때 농장에 오면 씨앗 뿌린 땅인지 확인도 없이 다 파헤쳐 놓고 이것저것 모종을 잔뜩 사다 심어놓기만 하고 관리도 못 해.

농작물을 키우는 게 쉬운 일이 아니거든. 때를 맞추어 거름 주고 필요 없는 가지도 쳐 주어야 하고…. 일이 많아. 거기에 풀은 얼마나 무서운데. 동생네도 올여름을 지나면 농부들이 얼마나 힘들게 농사를 짓는지 알게 될 거야. 며칠 있으면 감자도 캐야 하고, 작년 가을에 심은 양파도 추수해야 하고, 힘은 많이 들지만 흙을 만지는 일은 재미있어.

70살이 넘어 생소한 농부의 삶을 사는 나에게 또 어떤 일이 생길까? 인생의 여정은 매일의 삶이 같은 듯해도 물이 바다로 향해 가는 흐름처럼 새로움을 향한 여행이라 순간순간이 소중해. 나의 이 여행의 끝자락은 알 수 없지만 매일 일이 있고 또 그 일을 할 수 있는 건강을 주신 주님께 감사드리며, 오늘 하루도 어떤 일들이 생기고 어떤 이들을 만나게 될지 기대하며 부지런히 아침의 문을 활짝 연단다.

할아버지와 아이들에게 드립니다

그대 여기 이 자리에 우리 함께 있네
굽이굽이 멀기도 하고 힘들었던 70리 길 걸어
이제 오늘 한숨 쉬어가려 하네

문득 하늘을 쳐다보니 해는 어느덧 서녘에 걸려 있네
언제 이리 세월이 흘러가 버렸나
인생이란 지나고 보니 모두가 어제 같고
한 토막 꿈과 같고
아침에 피었다가 저녁에 지는 꽃과 같이
지나간 시간들은 그리 짧기만 하네

10년이면 강산이 변한다고 하지만
요즘은 1년이면 변하는 세상을
70년이나 살았으니 정녕 어제 일도 아니고
한바탕 꿈도 아닌 듯하네
그 긴 여정에서 만났던 온갖 일들
기쁨도 슬픔도 고통도 이제
빛 바랜 사진이 되어 버렸네
희미한 추억이 되었네
그러나 이제 남은 날들은

그 추억의 보따리 안에서 고통스러웠던 일들이랑
흘러 보낸 세월과 함께 보내 버리고
기뻤던 날들 행복했던 날들만
살포시 끌어안고 살아야겠지

그리 살다 보면 삶의 무게는 한결 가벼워지겠지
세상은 살만한 곳이고
미운 사람 고운 사람 모두가 함께 살아가야 하는
고마운 이웃일 뿐
그대 안의 마음의 평화는
모두를 끌어안을 수 있는 넓은 가슴이 되고

사람들은 그대를 보고
행복한 할아버지라 부를 겁니다
그리고 이제 언제일지는 모르지만
행복한 할아버지의 이 세상 소풍 끝나고
그대가 떠나왔던 그 영원한 고향 집으로 돌아갔을 때

이 세상에 그대를 보내신
그 분께서는 그대에게 이렇게 말할 겁니다
"나는 네가 그 힘들고 고달픈 여행을 잘 하고 오리라
믿었다. 참 말로 애 많이 썼다."
그리고 그대의 등을 토닥거려 주겠지

2011. 6. 11

명희의 낮은 뜨락

초판 1쇄 인쇄 2022년 02월 20일
초판 1쇄 발행 2022년 02월 20일

지은이	남명희
표지	이슬아
편집/본문/교정교열	심하나
감수	김현주

펴낸 이	이남국
펴낸 곳	와일드큐브
주소	경기도 파주시 미래로 37-20 현대지성 308
출판등록	2016년 10월 27일(출판등록일)
	제406-2015-000108호
이메일	wildcat5110@naver.com
ISBN	979-11-88201-40-2 [03230]